Erich Neumann

Kulturentwicklung und Religion

Herausgegeben von Regula Bühlmann

Impressum

Johanna Nordländer Verlag
Rütte 2007

© Patmos Verlag GmbH & Co. KG, Düsseldorf
Produktion: Books on Demand GmbH, Norderstedt

ISBN 978-3-937845-08-1

Erich Neumann

Kulturentwicklung und Religion

Eranos-Vorträge Band I

Johanna
Nordländer
Verlag

Inhalt

Einleitung

Den drei Essays „Die psychologische Bedeutung des Ritus", „Die mythische Welt und der Einzelne" und „Der Mystische Mensch" liegen die Eranos-Vorträge von 1949 - 1951 zugrunde; in etwas überarbeiteter Form erschienen sie 1953 als der erste von drei Bänden unter dem gemeinsamen Titel: „Umkreisung der Mitte".

Erich Neumann durchschreitet jeweils die menschheitsgeschichtliche Bewusstseinsentwicklung vom frühen Menschen hin zum modernen Menschen. Die Verunsicherung, Krisenhaftigkeit und Bedrohung, mit denen der gegenwärtige Mensch in seinem Einzelschicksal genauso wie in kollektiven Bereichen konfrontiert ist, hat sich seit der erstmaligen Publikation dieser Aufsätze nicht gemildert, sondern verschärft. Mit ebensolcher Dringlichkeit steht als Antwort die Anforderung an jeden einzelnen da, sich im Individuationsprozess zu wandeln.

Für den Frühmenschen bildet das Festgelegte des Ritus, unter dem dieser zu vollziehen ist – der genau einzuhaltende Ablauf und die bis aufs einzelne zu befolgenden Umstände – ein Gruppengefäss für das Ich. Darin vermag es dem Kernereignis standzuhalten und dem Numinosen zu begegnen. Es ist der Gang des Bewusstseins ins Unbewusste, der sich darin vollzieht, und in diesem ritualisierten Gehen geschieht allmählich das Herauslösen von Bewusstsein und von Ich-Struktur aus dem mythischen Verschränktsein.

In diesem Geschehen wird ein paradoxes Grundmuster psychischer Entwicklung deutlich: Das Ich bedarf größter Anspannung, um bestehen zu bleiben, um nicht unterzugehen (im Abgrund, mythischen Grund, Unbewussten, Kollektiven), gleichzeitig muss es sich etwas anderem anheimgeben. Beim Frühmenschen lässt sich sagen, dass so Entwicklung geschieht, dass auf diese Weise das Ich an Stärke, Souveränität und Handlungsspielraum gewinnt und autonomer wird. Der moderne Mensch jedoch hat sich in seiner Ichstärkung soweit verabsolutiert, dass dies Teil seiner Krisenhaftigkeit ist: Auf der einen Seite kommt es zu Erstarrung, Fragmentierung und Materialisierung im Nur-Bewusstsein, auf der anderen Seite zur Auflösung oder Rückkehr in ein Kollektiv; beides bedeutet Selbstverlust. Damit Erneuerung geschehen kann, ist das moderne Ich nicht mehr so sehr auf den rituellen Gang (als äußerlich fest angelegtem Ereignis) und die äußere Handlung verwiesen, sondern in verstärktem Maß auf ein spontan sich vollziehendes in-die-Mitte-gegangen-Werden, um sich in dieser numinosen Erfahrung wandeln zu lassen.

Woran sich menschheitsgeschichtlich nichts zu ändern scheint, ist, dass dies bis aufs äußerste eine Gratwanderung bleibt, auf der immer auch wieder die Kräfte der Nacht das heldenhafte Ich zurückzuziehen vermögen und das Einsinken in den mythischen Grund, ins Kollektiv geschehen kann.

Darin gibt es aber etwas, das Erich Neumann den „dritten Faktor" nennt, das von Anfang an „den Ich-Keim schützt und zu seiner Entwicklung drängt", nämlich das Selbst, das sich als offene Mitte im Menschen darstellt und doch als das ganz andere erscheint, der „schöpferische Nichtspunkt", der lenkend wirkt und ohne den kein Entwicklungsprozess, kein Heilungsprozess denkbar ist.

So zeigt sich die bewusstseinsantreibende Kraft des Rituellen für den modernen Menschen im Gehen auf dem Individuationsweg, wo er sich dem Paradox anvertraut, als Ich aufrecht zu bleiben und nicht zu versinken und doch das Selbst als die eigene Mitte zu umkreisen. In dieser heteronomen Freiheit geschieht eine einmalige, unwiederbringliche Begegnung von Ich und Selbst, wo der mystische Menschen nicht mehr von anonymen Mächten bedroht wird, sondern sich in einem Gemeintsein erfährt.

So wie dieser Prozess für den einzelnen nie abgeschlossen ist, so gibt es auch für jede Gemeinschaft kein endgültig Errungenes; der Drache lässt sich nicht töten. Der in einem vermeintlichen Kulturgewinn abgeschlagene Drachenkopf hinterlässt die sieben andern, die an seiner Stelle nachwachsen. Sie sind allgegenwärtig in den Berichten über die fortdauernden oder neu sich abzeichnenden Kriegs- und Terrorgeschehen, im Überflutetwerden von entsprechenden Berichten, Bildern, Nachrichten und Meldungen, in den nie ausreichenden Budgets für die Abschaffung der Armut, in den dramatischen Belegen fortschreitender Umweltzerstörugn, etc.

Als „Gottessorge" formuliert hier Erich Neumann die Frage nach dem, was zur jeweiligen Stunde geboten sei. Kulturerneuerung geschieht demnach in diesem Gehen des Einzelnen in die Dunkelheit, um den gegenwärtigen mythischen Kräften das Licht des Bewusstseins abzuringen und in die Gemeinschaft zu tragen. Während dies früher der herausragende, große einzelne Mensch leistete, ist es in der Moderne die Aufgabe jeder und jedes einzelnen.

Rütte, November 2007   Regula Bühlmann

8

Vorwort

Die Reihe von Einzelbänden, die unter dem gemeinsamen Titel: »Umkreisung der Mitte« erscheinen, enthält Arbeiten, die als »Beiträge zu einer Tiefenpsychologie der Kultur« gedacht sind.

Eine Tiefenpsychologie der Kultur, und um Ansätze zu ihr handelt es sich, ist in dem Augenblick möglich geworden, in dem von der Analytischen Psychologie die psychische Verwurzelung des Einzelnen in seine Gruppe und der Zusammenhang des Individuellen mit dem kollektiven Unbewussten erfasst worden sind.

Nach zwei Richtungen hin überschreitet die Analytische Psychologie den Umkreis des Ich und des individuellen Bewusstseins. Nach innen, indem sie sich nicht nur mit den Inhalten des persönlichen Unbewussten, sondern darüber hinaus mit den Mächten des kollektiven Unbewussten, den Archetypen, auseinandersetzt, nach außen, indem sie sich auf ein Kollektivbewusstsein bezieht, das den Bezirk des individuellen Bewusstseins weitgehend umfasst. Beide Bereiche, das kollektive Unbewusste ebenso wie das Kollektivbewusstsein, das u. a. die jeweils höchsten Werte der Gruppe enthält, sind transpersonal. Darüber hinaus aber sind beide Bereiche dadurch miteinander verbunden, dass die im Unbewussten des Einzelnen lebendigen Archetypen auch das Kollektivbewusstsein bestimmen und im Phänomen der Kultur das Dasein der Gruppe prägen.

Während der Einzelne der Quellpunkt der schöpferischen Werte ist, durch welche die Kultur sich erneuert, ist die Gruppe mit dem für sie gültigen Kanon tradierter Werte der Garant der Kulturkontinuität. Von dieser lebendigen dialektischen Beziehung zwischen dem Einzelnen und der Gruppe hängt die Lebendigkeit jeder Kultur und die seelische Entwicklung der Menschheit ab. So ist das Individuum, in dem sich das Kranke wandelt und das Neue gestaltet, wieder als Kernphänomen der Gruppe sichtbar geworden. Während aber die Hoffnung auf eine Erneuerung der Gruppe zu einem Anliegen des Individuums geworden ist, ist andererseits das kollektive Unbewusste, dem im Wandlungsprozess des Einzelnen die entscheidende Rolle zukommt, eine transpersonale, den Einzelnen übergreifende Wirklichkeit; sie ist in ihm lebendig, weil er ein Teil seiner Gruppe ist. Der schöpferische Einzelne bringt Kulturwerte hervor, die für das Kollektiv notwendig sind, auch wenn sie zu nächst im Gegensatz zum Wertkanon der Gruppe stehen; da aber die vom Einzelnen hervorgebrachten Werte in der Schicht des kollektiven Unbewussten wurzeln, dessen

Träger die ganze Gruppe, nicht der Einzelne ist, so empfängt das Individuum vom Kollektiv wie dieses von ihm.

Zwei Grundphänomene bestimmen die Zusammengehörigkeit dieser Arbeiten, die ich als Bruchstücke, die sie natürlicherweise sind, nicht ohne Zögern dem Publikum vorlege. Das eine ist die Einheit der menschlichen Tiefennatur und ihre fortlaufende Entfaltung in der Entwicklung des Bewusstseins, die in jedem dieser Beiträge auf andere Art erscheint und von den verschiedensten Aspekten aus evident wird. Das andere Phänomen, das sich einheitlich überall da offenbart, wo wir an die bestimmende transpersonale Wirklichkeit der menschlichen Tiefenschicht gelangen, ist die Erfahrung von dem immer und überall spürbaren Vorhandensein eines zentralen Faktors, der alles psychische Leben bestimmt und den alles psychische Leben umkreist.

Tel-Aviv, Oktober 1952   Erich Neumann

Zur psychologischen Bedeutung des Ritus

I

Bevor wir uns dem Menschen, und zwar zunächst dem Primitivmenschen, zuwenden, dessen Leben in hohem Maße durch das Ritual bestimmt wird, wollen wir versuchen, die Ursprünge des Rituals noch weiter zurückzuverfolgen. Obgleich wir weder die Absicht noch die Kompetenz haben, dem Biologen ins Handwerk zu pfuschen, müssen wir einen Blick auf das schon in der Tierwelt wirksame Quasi - Ritual der Instinkte werfen.

Es ist dabei keineswegs unsere Absicht, die prinzipielle Verschiedenheit zwischen dem bewussten menschlichen Ritual und dem unbewussten Ritual der Tiere zu verwischen. Aber der Zusammenhang zwischen den Instinkten, den Tier-Riten genannten Instinkthandlungen und den menschlichen Riten ist so augenfällig, dass er in den Rahmen unserer psychologischen Betrachtung hineingehört.

Im Gegensatz zu den augenfällig sinnhaften Instinkthandlungen z. B. des Nestbaus oder der Tötung der Beute als Nahrung für die Nachkommenschaft, handelt es sich bei den Tier-Riten um nur indirekt sinnhafte Instinkthandlungen. Wenn wir z. B. die Werbe-Zeremonien der Vögel betrachten, so scheinen sie für den menschlichen Beobachter – ebenso wie z. B. die Kreistänze der Affen usw. – eher Symbol als Nutzcharakter zu besitzen, und gerade dies berechtigt uns, sie als Vorstufe menschlicher Rituale oder als Tier-Riten zu bezeichnen.[1]

Aber die Bedeutung der tierischen Instinkte für das Verständnis des menschlichen Ritus ist viel größer. Erst die Analyse des Instinktes als eines transpersonalen Phänomens ermöglicht es uns zu verstehen, was im menschlichen Ritus geschieht und was seinen Sinn ausmacht.

Das normale instinktive Verhalten des Tieres wird mit Hilfe seines Sinnesbewusstseins gesteuert. Bei den Individualinstinkten, die den Lebensunterhalt und die Lebensverteidigung der Einzelwesen dirigieren, könnte es noch so aussehen, als ob die Handlungen von einem Ich-Kern oder Ich-Keim ausgingen. Schon bei den Wandlungs-Instinkten, die eine Metamorphose des Tieres, z. B. die Verwandlung des Schmetterling-Eies in die Raupe und die der Raupe in den Schmetterling dirigieren, ist das anders. Hier wird die Unmöglichkeit, das Subjekt der Instinkte mit einem Individuum oder einem Ich-Keim des Einzelwesens zu verbinden, augenfällig.

---

1 Vgl. A. Portmann, Riten der Tiere, Eranos-Jahrbuch XIX, 1950.

Wenn wir die instinktiven Handlungen verfolgen, die eine derartige Verwandlung bestimmen, wird deutlich, dass die Lebenseinheit des Quasi-Individuums, des Schmetterlings, der Raupe oder des Eies, so weit vom Instinkt übergriffen wird, dass die Transpersonalität der dirigierenden Instinktwelt auch dem naiven Beobachter sichtbar werden muss. Es wird fraglich, ob hier überhaupt noch von Individualinstinkt gesprochen werden darf, denn können wir die Einheit von Ei-Raupe-Kokon und Schmetterling als e i n Individuum ansehen? Oder handelt es sich hier nicht schon um eine zusammengehörende Deszendenz-Gruppe von Individuen, die sich in einem Nacheinander von verschieden individualisierten Einzeltieren entfaltet?

Nicht nur das Nacheinander der metamorphierenden Wesen, das verschiedene Quasi - Individuen umfasst, wird von einer transpersonalen Einheit übergriffen, auch im Nebeneinander der Gruppenmitglieder, z. B. in ihrer aufeinander angewiesenen Arbeitsteilung in Quasi-Individuen, wie Königin, Drohne, Arbeiterinnen, Soldaten usw., wird ein transpersonal übergreifendes Einheits-Subjekt sichtbar, das mit einem augenfälligen Hellwissen ausgestattet ist. Dieser Charakter wird besonders bei den Gruppeninstinkten, die der Artverbreitung dienen, erkennbar. Hier trifft das Quasi-Individuum in seinen Instinkthandlungen detaillierte Vorsorge für eine von ihm niemals zu erfahrende Zukunft und für Situationen, in denen sich das zukünftige von ihm abstammende Wesen vorfinden wird, die der Art und Welt des vorsorgenden Tieres oft völlig fern liegen.

Das Subjekt dieses im Instinkt wirkenden transpersonalen Wissens mit seinen spezifischen Erfahrungen und seiner spezifischen Instinktdirigiertheit muss der Gruppe, Art oder Spezies zugeordnet werden. Es ist – in Bezug auf das Quasi-Einzelwesen – transpersonal, es ist ewig, weil jenseits des Raumes und der Zeit, in der jedes Quasi-Einzelwesen lebt, hellsichtig in Bezug auf die Welt und allmächtig, indem von ihm Leben, Tod und Wiedergeburt der Einzelwesen abhängen.[2]

Dieses unbekannte »Subjekt« wäre psychologisch als »Gruppen-Selbst« zu bezeichnen in Analogie zu der im Einzelindividuum wirkenden Instanz, die wir das »Selbst« nennen.[3]

---

2 Die psychologische Konsequenz dieser Grundgegebenheiten der Instinkte kann uns hier nicht beschäftigen.

3 Auch auf die Beziehung von Gruppenselbst zum Selbst können wir bei dieser Gelegenheit, abgesehen von kurzen Anmerkungen, nicht näher eingehen.

Während wir die Instinkthandlungen des Tieres, die für seine Individualität von Bedeutung sind, dem Selbst-Kern des Tieres zuzuordnen haben, können wir die das Individuum transzendierenden Gruppeninstinkte nur dem Gruppen-Selbst zusprechen, das im Einzelindividuum wirkt, aber dessen begrenzten Welt-Zeit-Lebensraum überschreitet.[4]

Die Analogie der quasi-rituellen Instinkte zum menschlichen Ritus besteht darin, dass sich hier wie dort die transpersonale Macht einer kollektiv - geistigen Wirklichkeit im zwanghaft scheinenden Tun des Einzelwesens durchsetzt, dass dieses Tun für das Leben der vom Instinkt oder vom Ritus gesteuerten Gemeinschaft lebenswichtig ist, aber das Sinnverständnis dieser Gemeinschaft und ihrer Einzelnen übersteigt.

Die Instinkte werden gelebt und agiert, ohne in der Tierwelt zu einer Repräsentation oder gar Reflexion zu gelangen, wie dies für den menschlichen Ritus charakteristisch ist. Trotzdem müssen wir von einem Geist- oder Vor-Geist-Charakter der Instinktwelt sprechen, der in der tierischen Psyche die Welt oder besser Weltausschnitte ordnet, synthetisch verarbeitet und integriert. Als Geist der Spezies bestimmt er das Dasein aller Teilglieder der Art und der Arten und leistet eine für je de Art spezifische Welt-Auffassung, Welt-Ordnung und Welt-Verarbeitung.

Der Instinkt besteht nicht nur aus der Handlungsdirektive, der das Wesen, in dem der Instinkt sich äußert, folgt, er ist als Inhalt gleichzeitig die spezifische Antwort des Organischen auf seine Welt. So spiegelt sich die Ordnung des Kosmos in den Instinkten, die auf den Wechsel von Tag und Nacht ebenso wie auf die Jahreszeiten, auf die Abfolge der Lebensalter wie auf die spezifische Nah-Welt von Wasser, Luft, Erde, Klima und Landschaft ordnend reagieren. Deswegen sind die Instinkte nicht nur der Weltordnung entsprechende Ordnungssysteme des organischen Lebens, sondern immer auch potenzielle *Welterfahrung.*

Zwar »hat« diese Erfahrung die das Einzelwesen transzendierende Ganzheit, nicht – respektive noch nicht – das Einzelwesen selber, aber auf dieser potenziellen Erfahrung der Instinkte oder der in ihnen wirksamen Archetypen fußt die spätere Erfahrung des Bewusstseins und des Ich, wie wir auch in der Entwicklung des Rituals verfolgen können.

---

4   Die Inkongruenz zwischen dem handelnden Tier und der überlegenen Weisheit des in ihm wirkenden transpersonalen Subjektes ist so augenfällig, dass das Tier für den menschlichen Betrachter deswegen zu einem numinosen Wesen wird.

Aber sogar im Aufbau der Naturreiche finden wir eine Tendenz zur Steigerung des in den Instinkten inkorporierten Erfahrungsumfanges und der in ihnen enthaltenen Weltsynthese. Fraglos ist die potenzielle im Instinkt wirksame Erfahrung des Menschenaffen umfangreicher und der Weltumfang, auf den seine Instinkte antworten und der in ihnen geordnet wird, ausgedehnter als die Synthese von Welt und Organismus, welche sich z. B. in einer Amöbe darstellt.[5]

Obgleich die Direktive der Instinkterfahrung beim Tier fast absolut ist und die transpersonale Gültigkeit des Instinktes sinnvollerweise seine Unveränderbarkeit durch das Individuum konstituiert, gibt es schon in der tierischen Welt Vorstufen zu dem neuen, im Menschen endgültig sichtbar werdenden Prinzip der Natur, nämlich dem Prinzip der Filialisierung der Spezies an das Individuum, durch welches das rein unbewusste Dasein überwunden wird. Dieses Prinzip besteht darin, dass die Vorherrschaft der Gruppe von der Selbständigkeit der Individuen abgelöst wird, und dass das Gruppenselbst sich zunächst im Selbst des Individuums und darüber hinaus das Selbst des Individuums sich im Ich filialisiert.

Erst im Menschen taucht eine grundsätzlich neue Möglichkeit auf, als Individuum erweiterte Welterfahrung zu machen und sie zu synthetisieren. Ihre Vorstufe finden wir, abgesehen von den relativ vereinzelten echten Intelligenzhandlungen bei Tieren, besonders bei den Menschenaffen, in einer gewissen Elastizität der tierischen Instinkte, die das Tier befähigt, innerhalb seines Instinktbereichs zu adaptieren, zu regulieren und zu lernen. Charakteristischerweise wird berichtet, dass beim jungen Tier und beim ersten Einsetzen der Instinkte diese Elastizität relativ groß ist, dass sich aber im Laufe des Alters eine Instinktstarre, d. h. ein Instinktzwang entwickelt. Ein Ritualismus der Instinkte ist aber als Unelastizität lebensgefährlich, denn das Aussterben einer Art beruht wohl u. a. darauf, dass der »Geist der Spezies« die sich verändernde Welt nicht mehr schöpferisch in neuen Instinkt-Reaktionen zu beantworten und zu synthetisieren vermag.

Das Phänomen des menschlichen Rituals enthält nicht nur eine Fülle wesentlicher Analogien zu dem des Instinktes, sondern wurzelt in ihm und baut auf ihm auf. Seine Entwicklung führt vom primitiven Gruppenritual der Frühzeit, das noch fast ausschließlich im Unbewussten spielt, bis zu den Hochformen, in

---

5 Auch hier muss man sich vor Vereinfachungen hüten, da in der Natur keine kontinuierlich steigende Evolutionsreihe existiert.

denen die Entferntheit vom Instinkt am weitesten, der Anteil des menschlichen Bewusstseins am größten ist. Aber auch wo sich das Ritual zur bewusstseinsnäheren Symbolebene erhoben hat, ist es kein bewusstes Tun, sein archetypischer Hintergrund bleibt das beherrschende Element.

Wenn wir an einem Beispiel zu illustrieren suchen, wie man sich den ritualzeugenden Prozess in der Menschheit vorstellen könne, so sind wir uns der Problematik eines solchen Versuches bewusst, glauben ihn aber, um einem Verständnis des Rituals näher zu kommen, verantworten zu können.

Es ist häufig und eindrücklich geschildert worden,[6] auf welch abenteuerlich gefährlichen und manchmal stundenlangen Wegen die tief im Innern der Berge liegenden Höhlen oft erreicht werden mussten, welche dem Eiszeitmenschen als Kultorte dienten, in denen er seine magischen Tiermalereien anbrachte.

Kriechend und kletternd, durch unterirdische Seen schwimmend und an Abgründen auf schmälstem Grat entlangrutschend, durch steile Felskamine hinauf und über fast unüberschreitbare Felsplatten hinweg, wurde der heilige Ort erreicht, in tiefster, nur durch die flackernden Mooslämpchen erhellter Dunkelheit, in dauernder Bedrohung durch die Gefahren des Weges.

Was kann den Frühmenschen veranlasst haben, sich freiwillig diesen immensen Gefahren auszusetzen und gerade einen solchen Kultort zu suchen? Zur Vereinfachung stellen wir das Endergebnis unserer Untersuchung an den Anfang.

Es handelt sich um den Archetyp des Mysterienweges, an dessen Ende ein Wandlungsgeschehen steht, das am heiligen Ort, im zentralen Raum, dem Uterus der Grossen Mutter, sich abspielt. Dieser Wandlungsort aber ist nur auf einem Einweihungsweg zu erreichen, der durch ein todesträchtig gefährliches Labyrinth führt, in dem keine Bewusstseins-Orientierung möglich ist.

Fraglos hat der Eiszeitmensch keinen Kultort »gesucht«, er ist auf ihn gestoßen oder richtiger, er ist von seinem Unbewussten zu ihm geführt worden, und zwar im Ablauf eines Geschehens, das sich, wie jedes ursprüngliche Geschehen, gleichzeitig innen und außen abgespielt hat. Ritus heißt ja wohl zunächst Weg, und auch heute noch sprechen wir davon, dass man einen Ritus »begeht«.

Wir müssen annehmen, dass die primitive Gruppe oder der sie führende »Große Einzelne«, die den Eingang des Höhlenlabyrinths bewohnten, von dem dunklen Innern des Berges in eben dem Maße fasziniert und angezogen wur-

---

6 Vgl. G. R. Levy, The Gate of Hörn, 1948, Fig. 57 die Skizzen der Höhlenwege mit den Tierbildern; D. Davison, Men of the Dawn, 1934, p. 106 f.

den, wie Menschen heute noch von dem dunklen Innen ihrer Seele fasziniert und angezogen werden. Diese »Anziehung« hat numinosen Charakter, weil im Dunkel des Unbewussten die Faszination des Archetypus wirksam wird, den der Mensch von jeher als numinos erfahren hat.

Der Frühmensch folgte diesem Weg ins Dunkel, indem er ihn »außen in der Welt« ging, wenn man das Innere der Bergschlünde als ein »Außen« bezeichnen kann. Höhle und Berginneres bedeuten auch uns noch ein Innen, wie viel mehr gilt das für den Frühmenschen, für den die Trennung in eine Innen- und eine Außenwelt noch nicht scharf vollzogen ist. Diesen Innen-Außenweg zu gehen, wurde er nun getrieben und gejagt durch alle Gefahren und Todesnöte hindurch; nur ein irrationaler innerer Zwang erklärt, dass die in den dunklen Bergeingeweiden herumirrende Primitivgruppe ihre Angst und ihr Grauen hat überwinden können.

Die psychische Situation der Gruppe in der unterirdischen Höhlenwelt des Berges entspricht aber dem Erfasstsein vom Archetyp der Großen Erd- und Berg-Mutter. Das Enthaltensein im Bergschoß ist in welthafter Wirklichkeit das Enthaltensein in diesem Archetyp, dessen Übergewicht als Dominanz des Unbewussten die matriarchale Situation der frühen Menschheit bestimmt. Der in ewiger Präsenz vorhandene Archetyp der verschlingenden Mutter wird zum Situationserlebnis, das in unendlich vergrößertem Maßstab dem gleicht, von welchem das Kind oder der Neurotiker im dunklen Zimmer, im Keller, in der Nacht oder vor dem Schlafen überfallen werden, und das in der Gefängnisangst, der Todesangst, der Angst, lebendig begraben zu werden usw. noch heute wirksam ist.

Die Faszination durch den Archetyp, die ebenso viel Anziehung wie Abstoßung, ebenso viel Lust wie mit Grauen gemischte Neugierde und Angst enthält, führt hier aber – und das ist das Wesentliche – nicht zur Flucht, sondern zum Eindringen. Diese Anziehung, die das Dunkel trotz seiner Unheimlichkeit auf den Menschen ausübt, gehört zu den Grundgegebenheiten des Menschen und zu den tiefsten Voraussetzungen der Bewusstseinsentstehung. So wird der unbewusste Höhlenweg des Frühmenschen, der die ihn gehende Gruppe treibt, zum Tiefenweg wie die Nachtmeerfahrt und wie allgemein der Weg des Bewusstseins ins Unbewusste.

In dem unbewussten Zwang, diesen Weg zu gehen, wirkt also eine Tendenz zum Bewusstsein als ein inneres Ordnungsgesetz, in dem – wie im Instinkt – ein überlegenes Wissen enthalten ist, das sogar stärker ist als die Angst, welche von dem Bild der furchtbaren Berg-Mutter ausgeht. Dieses Wissen kann sich die Gruppe aber nur aneignen, wenn sie ihre Angst überwindet und ihrem ins Dunkel eindringenden Weg folgt. Dadurch wird äußerlich und innerlich eine höchste und letzte Leistung des Menschen provoziert. Wenn aber diese höchste Anspannung ihren »bursting point« erreicht, kommt es zum Umschlagen der Situation und – zur Offenbarung des Numen. Dabei ist es gleichgültig, ob einmal der überwältigende Eindruck eines Felsendomes außen, ein andermal der innere Ablauf selber zur Kristallisierung des Archetyps aus der Mutterlauge des Numinosen führt, in jedem Fall erfolgt am Ende des Weges das Umschlags- und Wandlungsgeschehen.

Von der Situation der Frühmenschen im Bergesinneren kann ebenso gesagt werden, sie provoziere den Archetyp, wie dass sie durch ihn provoziert werde. Dieses Zusammenstoßen von menschlicher Weltsituation und Archetyp macht aber – und das ist das Entscheidende – den Archetyp bewusstseinsfähig, weil durch die außerordentliche Anspannung der ganzen Persönlichkeit und der Gruppe mit dem Brechen des bursting point die archetypische Projektion als Bild in das menschliche Bewusstsein einbricht und sich in einem und demselben Geschehen der Archetyp in der menschlichen Psyche und der Ort als »heiliger Ort« offenbart.

Wenn Jung sagt:[7] »Solche Projektionen wiederholen sich überall dort, wo der Mensch ein leeres Dunkel zu erforschen versucht und es unwillkürlich mit lebendigen Gestalten erfüllt«, dann ist damit eine der Vorbedingungen für die Projektion des Archetyps auf den Wandlungsort angezeigt. Wichtig ist in unserem Zusammenhang, dass diese Projektion erst am Ende des Innen-Außen-Ganges erfolgen kann. Der zur Auffindung des im Berge liegenden Heiligtums führende Weg des Steinzeitmenschen ist nicht etwa, wie man meinen könnte, das Urerlebnis oder das Vorbild gewesen, von dem die späteren Riten des Mysterienweges abgeleitet worden sind. Er ist nur die früheste uns fassbare Form, in der sich der Archetyp des Mysterienweges innerhalb der Menschheit verwirklicht hat.

Das Durchbrechen des Archetyps bedeutet, dass der Ort »als« die Große Mutter oder als ihr zugehörig erfahren wird, d. h. die unbewusste archetypische Situation, die hinter der Angst und hinter der zwanghaften Faszination stand, den Höhlenweg zu gehen, wird jetzt bildhaft sichtbar.

---

7   C. G. Jung, Psychologie und Alchemie, 2. Aufl., 1952, S. 339.

Das Stiftungsgeschehen des Ritus besteht also darin, dass die Gruppe oder der Einzelne der unbewusst wirkenden Tendenz des Archetyps folgend einen Prozess durchmacht, in dem der durchbrechende Archetyp zur bewussten Erfahrung wird. Dabei entsteht Bewusstsein, indem aus der unbewussten Spannung der archetypisch dirigierten Situation der Blitz der Erleuchtung und Offenbarung erstmalig als Bewusstsein aufleuchtet, oder aber in einem schon bestehenden Bewusstsein ein neues Stück Bewusstsein in Gestalt des archetypischen Bildes und Symbols er scheint. Wir haben uns also den bewusstseinsbildenden Prozess in analoger Weise vorzustellen, wie den, der von Jung als Auftauchen der transzendenten Funktion[8] beschrieben worden ist. Der Durchbruch aus dem Unbewussten äußert sich dabei in einer Ausschüttung von Bildsymbolen, die als Bilder Repräsentanten des Unbewussten sind, und die erst allmählich in Richtung auf unser abstrahierend-patriarchales Bewusstsein verarbeitet werden.

An diesem Punkt setzt das menschliche Ritual ein, das sich von jedem nur instinktiven Gehen unterscheidet. Wenn noch der erste Weg, der zur Offenbarung geführt hatte, dem Menschen vom Unbewussten aufgezwungen wurde, wird durch die Offenbarung das Geschehen jetzt repräsentations- d. h. bewusstseinsfähig. Der Ort der primären Offenbarung wird zum Kultort, zur »heiligen Höhle«, dem Vorbild jedes Tempels, und der Weg selber *zum bewusst wiederholbaren* Mysterienweg, zum Labyrinthweg, der als ritueller Einweihungsweg zum Heiligtum führt.

Das ursprüngliche Gruppenritual wurde gelebt, indem es von der Gruppe als unbewusste Gestalt gegangen und begangen wurde, und *jeder Einzelne* wurde als Totalität vom rituellen Tun erfasst, das er mit der Ganzheit des Leibes vollzog, denn den Ritus begehen, heißt ursprünglich, den Ritus »tanzen«. Der Tanz ist das Tun, in dem eine dem Ritual zugrunde liegende archetypische Figur, der Kreis, die Spirale, der Initiationsweg, das Labyrinth usw., vom Körper selbst ohne ein reflektierendes Bewusstsein verwirklicht wird.

Der tanzende Einzelne, die tanzende Gruppe und der getanzte archetypische Weg bilden eine Inneres und Äußeres verbindende Einheit, welche als symbolisches Leben die archetypische Wirklichkeit des Rituals ausmacht. Die Ritualfähigkeit des Einzelnen wird dabei durch vorbereitende Maßnahmen garantiert, durch Eintrittsriten, Reinigungen, Absonderung usw., und der Wandlungsprozess wird in Bewegung gesetzt mithilfe der Maske, der rituellen Veränderung

---

8   C. G. Jung, Psychol. Typen, Neuaufl. 1950, Definitionen.

der Persönlichkeit durch Tätowierung oder durch das Ritualgewand, durch den Kontakt mit dem Symbol usw.

Das entscheidende psychologische Phänomen aber, das anfangs immer erreicht wird und das später verloren geht, ist die Herstellung der Ganzheit des Einzelnen durch die Hervorrufung des Körperselbst als einer transpersonalen, ich-überlegenen und bewusstseinstranszendierenden Instanz[9]. Ebenso wie das Körperselbst ursprünglich – wie bei dem Beispiel des Höhlenweges – durch höchste Anstrengung und totalen Einsatz spontan provoziert wurde, wird es jetzt absichtlich und bewusst, und zwar besonders durch den emotional geladenen Tanz in Bewegung gesetzt. Dabei gelten die viele Stunden währenden Tanzvorbereitungen jeder Einweihung und jedes Festes bei den Primitiven typischerweise als schwere Arbeit. Auch die für die Rituale charakteristischen Hilfsmittel des Rauschtrankes, der Rauschgifte, der Musik usw. zielen auf die Integration des Einzelnen in die Gruppe, auf die Veränderung des Bewusstseins und auf die Einschaltung der ich-überlegenen psychophysischen Instanzen.

Das Körperselbst ist die ursprüngliche Manifestationsform des individuellen Selbst. Indem es im Gruppenritual die Ichhaftigkeit des Einzelnen ablöst, stellt sich gleichzeitig seine Verbindung mit dem transzendierenden Gruppenselbst her, d. h. aber auch die Verbindung mit dem Geist-Selbst der Gruppe und der Spezies, nämlich mit den Ahnen.

Wenn im Ritus die wesenhaft wirkliche Welt der numinosen Mächte angerufen und zur Aktivität gebracht wird, muss sich auch der anrufende Mensch in sein wesenhaft Wirkliches verwandeln oder sich mit ihm verbinden. Denn, psychologisch gesehen, wird ja die transpersonale psychische Schicht im *Menschen* angerufen, und diese kann nur durch eine echte Verwandlung des Menschen in Bewegung gesetzt werden, nämlich ausschließlich durch eine wirkliche Verbindung des Menschen mit der Tiefenschicht des Numinosen in seinem Unbewussten.

Jedes menschliche Leben ist in die Mächtewelt eingebettet, deren unsichtbare und sichtbare Überlegenheit das menschliche Dasein bestimmt.

Die Abhängigkeit von den transpersonalen Mächten und das Angewiesen sein auf sie zwingt den Menschen, mit dieser höheren, wesenhaft wirklichen Ebene des Numinosen im Kontakt zu bleiben oder immer wieder in Kontakt zu treten, denn auf ihr findet das eigentliche Leben statt, und durch sie wird das irdisch menschliche Leben dirigiert. Der Ritus ist die Bemühung, den Einzelnen

---

9   Vgl. Verf.: Ursprungsgeschichte des Bewusstseins, 1949, II. Teil.

und die Gruppe diesem Numinosen gegenüber kontaktfähig zu halten. Ohne die Kommunikation mit den transpersonalen Mächten kann das menschliche Dasein nicht standhalten, geschweige denn sich schöpferisch entfalten. Das nur faktische Leben ohne den Zusammenhang mit dem Hintergrund der transpersonal wirkenden Mächte ist unwirklich und ohnmächtig. Erst wenn das menschliche Sein sich auf die höhere Ebene der mythischen Wirklichkeit begibt, erhält es eine Möglichkeit, im Ritus Einfluss auf das Numinose zu nehmen.

Die Herrschaft aber über die Wandlung des Menschlichen in das Mächtehafte liegt im Reich des Todes. Die Ahnen und die Toten sind der menschliche Ausschnitt der Mächtewelt, sie sind die Vermittler, die angerufen werden müssen. Die Totenwelt, die Geist- und Geisterwelt der Menschheit, ist der Ort und die Macht, in der das Transpersonale beheimatet ist, das wir als Subjekt der Spezies anzusehen haben. Es ist die Heimat der Urbilder und der Vorbilder, die Welt der Herkunft der Menschheit, in der als der mythischen Welt alles geschehen ist, geschieht und geschehen wird, was wesentlich ist. Sie ist transpersonal und ewig, raum- und zeitlos, Vergangenheit, Gegenwart und Zukunft.

Als Toter reicht der Mensch in den Raum der Mächte, an den er sonst nur augenblicksweise und in besonders herausgehobenen Daseinsmomenten rührt. Da aber die Toten und die Lebenden der Gruppe eine Einheit bilden, und die Ahnen nicht nur als Geister das »Ganz Andere«, sondern daneben immer auch das Nächste und Eigene sind, bildet die Ahnenwelt so oft die Brücke zur im Ritual angerufenen und bewirkten Welt des Numinosen.

Deswegen muss in jeder Einweihung gestorben, d. h. der Durchgang durch den Tod vollzogen werden. Der schöpferische Punkt des Nichts spielt nicht nur in der Mystik eine große Rolle, sondern er projiziert sich als kreatorischer Ort der Psyche mythologisch auch als Totenland und als Ahnenland, als Himmel oder als Unterwelt. Damit etwas Lebendes verstärkt, etwas Altes neu, etwas Neues wirklich werden soll, muss es den Durchgang durch das Reich des Todes vollzogen haben, welches das Quellreich allen Lebens ist. Darum ist jede Geburt Wiedergeburt und jede Wiedergeburt Auferstehung und Rückkehr aus dem Totenreich. Der Satz des Novalis »Durch den Tod wird das Leben verstärkt« ist nicht romantisch, sondern mythologisch zu verstehen. Opfer und Darbringung, Feier und Anruf gelten immer diesem mythischen Ort, der todbringendes Leben und lebenbringender Tod ist. Darum führt alle Einweihung zum Vertrautsein mit dem transpersonalen Ort, der Tod und Leben in sich vereint.

Das Wissen um diesen Tod äußert sich darin, dass alles Leben mit seinem gleichen Gewicht an Todessubstanz bezahlt werden muss, darum stirbt der Mensch symbolisch als Ich in der Einweihung, und darum wird das Opfer rituell getötet, es ist der Seelengeleiter zum Todesort der Erweckung, dem jeder Ritus gilt.

Wer im Ritual die Maske der Mächte auf sich nimmt, mit denen er in Kommunikation tritt, muss sich auf dieses lebendige Sterben verstehen. Denn nur auf diesem Weg wird der Mensch selber wie die Ahnen und Mächte, die sich im Lebendigen verwirklichen, aber sich mit keiner Verwirklichung verwechseln; denn immer wieder nehmen sie sich aus der irdischen Konkretisierung zurück, um zu ihrer Eigentlichkeit heimzukehren und sich dann wieder geboren von neuem schöpferisch zu verkörpern.

Das im Ritual aktive Ich verbindet sich mit dem das Tun dirigierenden Selbst oder, wie Hegel sagt: Der Kult ist »überhaupt der ewige Prozess des Subjektes, sich mit seinem Wesen identisch zu setzen«[10].

Das profane Tun mag das nur ichhafte Tun eines beliebigen Einzelnen sein, aber eine heilige Handlung wie der Ritus kann ursprünglich niemals durch einen von der Gruppe oder vom Unbewussten losgelösten Nur-Einzelnen ausgeführt wer den. So wie im tierischen Instinkt das Überpersönliche der Natur und der Welt von einem überpersönlich reagierenden Psychischen beantwortet wird, reagiert auch im Ritual ein Überpersönliches im Menschen auf eine überpersönliche Situation.

Dieses Überpersönliche ist die Einheit der Gruppe und das Körperselbst des Einzelnen. Deswegen ist die Reintegration des Einzelnen in die Gruppe eine wesentliche Funktion jedes, besonders aber des ursprünglichen Gruppenrituals. Die im Bewusstsein zentrierte Individualisierung des Einzelnen muss, so weit sie schon vorhanden ist, rückgängig gemacht und aufgehoben werden. Die Gruppe wird – in Tanz, Gesang, Kult – als die Ganzheit hergestellt, die sie ursprünglich war, und der Einzelne erlebt sich als gewandelt, gesteigert und zugleich in die Gemeinschaft rückaufgenommen, die sein Profansein, sein Vereinzeltsein aufhebt. Dadurch wird er wieder ritualfähig gemacht und zu seiner Transpersonalität zurückgeführt, die zugleich die Transpersonalität der Gruppe ist. Aus diesem Grunde ist immer nur ein Eingeweihter ritualfähig, d. h. ein Mensch, dem in mehr oder weniger hohem Maße seine eigene Trans-

---

10 Zit. Nach E. Cassirer, Philosophie der symbolischen Formen, 1925, II, 272.

personalität bewusst geworden ist. Dieses Prinzip beherrscht die Primitiv- wie die Kulturreligionen, die Mysterienbünde wie die Sekten.

Es bleibt aber nicht dabei, dass der Einzelne in die Gruppe integriert wird, sondern diesem zwischenmenschlichen Phänomen folgt die Integration der Gruppe in die Mächtewelt des Numinosen. Denn das eigentliche Anliegen des Ritus, von dem sein Gelingen als Gnade und Wirkung abhängt, besteht darin, dass die Gruppe mit dem Numinosen, mit den das unbewusste Leben dirigierenden Archetypen, in Übereinstimmung gerät.

Deswegen verlaufen die Wege der rituellen Integration der Gruppe in die Mächtewelt so oft über die *Identifikation* mit den Archetypen. Die rituelle Identifikation kann über den Totem-Ahn, einen Einweihungsgeist oder einen Gott, über die Toten oder über eine andere Mittlerfigur laufen, in jedem Falle handelt es sich darum, die Identifikation mit der transpersonalen Welt der Archetypen oder den Anschluss an sie herzustellen, welche *die Natur und das Schicksal* beherrscht.

Wir sprechen da, wo naturhaft vorgegebene transpersonale Wirklichkeiten wie die Jahreszeiten, Lebensphasen usw. vom Ritual begleitet werden, von *Natur-Ritualen*. Sie unterscheiden sich von den Quasi-Ritualen der Tiere, die meistens an den gleichen Stellen des Lebens stattfinden, darin, dass das in der Tierwelt unbewusst Wirksame in der menschlichen Welt zur Möglichkeit einer Interpretation und damit zu seinem Selbstverständnis kommt. Der von den Instinkten vorgezeichnete Krisenpunkt wird so als für die ganze Gruppe, d. h. für die ganze Menschheit bedeutsam erfahren.

Die Menschheit entwickelt sich fortschreitend in der Richtung, sich vom nur naturhaften Sein im Unbewussten zu lösen. Überall, wo der Mensch zu seiner eigentlichen, d. h. aber individuellen Wirklichkeit kommt, entsteht auch das Bewusstsein seines Verschiedenseins von der Natur. Entsprechend finden wir überall eine Tendenz des menschlichen Rituals, sich von den naturhaft vorgegebenen Stellen abzulösen, an denen es aus dem Instinktleben der Spezies entstanden ist.

Der Naturordnung der Mächte entspricht das unbewusst bleibende Erkenntnisschema der Instinkte als ein transpersonales und immer wiederkehrendes Gesetz des Verhaltens, das jede chaotische Willkür des Psychisch-Möglichen und Individuell-Planbaren von vornherein ausschaltet. Die Übereinstimmung mit der Vernunft und Ordnung der Natur wird so durch das instinktive Leben garantiert. Des wegen erhebt sich, wenn das unbewusste Einssein mit der Natur und die damit gegebene unbewusste Lebensordnung für den Menschen nicht mehr gilt, als Dringendstes die Frage, welche Ordnung ist nun für ihn gültig? Diese natürlich nicht bewusst gestellte Frage wird von der Psyche beantwortet, indem sie die Archetypen in Bewegung setzt, welche die transpersonalen und allgemein für die Menschheit gültigen Antworten sind, durch die das menschliche Leben wie von einem Instinkt, aber nicht mehr *durch* einen Instinkt geordnet wird. In diesem Sinne erscheint das rituelle Leben des Primitivmenschen als ein symbolisch geordnetes Leben, in welchem an die Stelle des unbewussten psychischen Eingebettetseins in die Natur das Eingebettetsein in eine rituelle innere Ordnung tritt, deren Grundlage die archetypische Struktur der Psyche ist.

Der sich verstärkende Anteil des menschlichen Ich als Ausdruck der Individualisierungstendenz innerhalb der Menschheitsentwicklung zeigt sich uns z. B. darin, dass die Natur-Rituale magisiert werden. So wird die kosmische Naturordnung, z. B. die des Wechsels von Tag und Nacht, einem magischen Ritual unterstellt, in dem die Menschheit von sich als Handlungs- und Ichzentrum ausgeht.

Obgleich der das Ritual ausübende Mensch an dem Objekt seiner Magie – dem Aufgehen der Sonne, der Fruchtbarkeit der Welt, der schöpferischen Qualität des Neuen Jahres – orientiert ist, ist der eigentliche Ort der rituellen Wirkung natürlich nicht die Welt außen, sondern die – ebenso bedeutsame – Welt innen. So wie das Ritual durch die archetypische, psychische Welt konstelliert wird, ist auch der Schauplatz der rituellen *Wirkung* die Psyche der das Ritual begehenden Gruppe. Die Gruppe ist aber nicht nur das eigentliche Objekt, sondern auch der Träger des magischen Rituals, selbst wenn schon ein »Großer Einzelner« als Medizinmann oder ein Leiter des Rituals vorhanden ist. Denn nur ein transpersonales Ganzes kann die transpersonalen und die Wirkungsfähigkeit des Einzelnen transzendierenden Mächte in Bewegung setzen. In diesem Sinne ist die Ursprungseinheit der Gruppe schöpferisch und gottdirekt, und nur in ihr als der Ganzheit findet zunächst das sich Niederlassen der angerufenen Mächte statt, sei es im Tanz, in der sakralen Mahlzeit, in einer Einweihung oder in einem anderen Ritual. Die Ursprungssituation[11] des in der Gruppe integrierten Einzelnen ist die Voraussetzung für das Gruppenritual.

Die Wirklichkeit des Rituals wird aber in dem Maße problematisch, in dem sich die Menschheit aus der psychischen Ursprungssituation löst und sich das

---

11 Vgl. Verf.: Ursprungsgeschichte, op. cit., II. Teil.

Prinzip der Filialisierung an den Einzelnen durchsetzt. Denn damit, dass der Umfang des Einzelbewusstseins zunimmt, und der Willkür des Ich – im Gegensatz zur Instinktdirigiertheit – immer größerer Spielraum gewährt wird, verliert der Einzelne in zunehmendem Maße die Fähigkeit, in die Gruppe re-integriert zu werden. Damit aber steigt gerade wieder für die sich in Individuen auseinanderlegende Gruppe die Sehnsucht nach der ursprünglichen Integration durch das Ritual. Denn mit fort schreitender Individualisierung droht der Mensch als Einzelner und als Gruppe aus dem Kosmos und seiner archetypischen Geborgenheit herauszufallen und sich in der Gefahrenwelt der Einsamkeit zu verlieren.

Während der Mensch durch das Natur-Ritual immer noch mit der Instinktordnung der Welt verbunden bleibt, ändert sich diese Situation in dem Maße, in dem er der Welt als Ich und Einzelner gegenübersteht. Denn mit der Individualisierung tritt der Mensch in die Geschichte und in die paradoxe Unübersehbarkeit des Kairos, des einmaligen und unwiederbringlichen Schicksalsmomentes. Dieser Einmaligkeit gegenüber aber gibt es keine Instinktreaktion.

Das instinktive Tun ist ursprünglich immer der »rechte Weg«, denn es ist der Weg, den die Natur selber im Menschen, wie in allen anderen Naturwesen, geht. Mit der Individualisierung aber wird der richtige Weg problematisch.

Dieser neuen Situation entspricht ein Ritual, das wir mit einer vielleicht zu nächst verwirrenden Bezeichnung *Schicksalsritual* nennen möchten. Die numinosen Mächte werden nicht mehr nur innerhalb einer kosmisch-naturhaften festen Weltordnung erfahren und begangen, sondern auch überall da, wo das Einmalig-Menschliche mit dem Außergewöhnlichen zusammentrifft. Um Schicksalsritual handelt es sich, wo eine unübersehbare Lebenskrise die Gruppe oder den Einzelnen gefährdet, bei Krieg oder Hunger, Krankheit oder Unfruchtbarkeit, aber auch in der einmaligen Situation eines numinosen Geschehens außen oder innen, das den Menschen überfällt, und auf das er nun mit einem Opfer, einem Gebet oder einer anderen rituellen Handlung antwortet.

Mit dem Beginn der menschlichen Geschichte im Großen und des menschlichen Schicksals im Einzelnen verlässt auch das Numinose seinen nur naturhaften Ort und wird als überall wirkendes Numen auch überall anrufbar. Das heißt damit, dass der Mensch die Welt einmalig und im Kairos, im Schicksalsmoment erfährt, wird auch das Numinose zu einem im Kairos zu Erfahrenden, es wird zum Numen und zu einem unberechenbaren dem Individuum erscheinenden Gegenüber.

Die Frage nach dem rechten Weg in einer Schicksalssituation ist nun die Frage nach dem zuständigen Numen, das im Ritual gegenwärtig gemacht werden soll, d. h. psychologisch gesprochen, nach dem zuständigen Archetyp und nach der Haltung, die eingenommen werden muss, um dieser Schicksalssituation »gerecht« werden zu können. Wo die Einmaligkeit der Schicksalssituation individuell mit dem einmaligen zu dieser spezifischen Situation passenden Ritual beantwortet wird, erscheint im Ritual die anthropozentrische Aktivität eines Ich, das sich angerufen fühlt, und das antwortet. Dieses Ich greift nun in den Prozess ein, indem es das Schicksal aktiv mitgestaltet. Die »Beschwörung«, die zum Wesenskern jedes Rituals gehört, ist aber immer gleichzeitig Aufrufung und Abwehr. Aufgerufen wird die Sichtbarwerdung des Archetyps, dessen »Erscheinen« bedeutet, dass sich sein Bild wie die Sonne über den Horizont des Bewusstseins erhebt. Diese Bildhaftwerdung ist die Möglichkeit der Bewusstmachung als Repräsentation, gleich zeitig ist sie aber auch die Möglichkeit der »Festhaltung« des Archetyps im Bild und dadurch die Möglichkeit seiner Abwehr.

Dass der Archetyp innerhalb der Menschheit immer wieder und überall auf tritt, besagt, dass er sich – wie der Instinkt – in der menschlichen Psyche mit der Kraft eines Zwanges durchsetzt und wiederholt. Der gleiche Wiederholungszwang gilt für das Ritual und seine archetypische Konstellation.

So wie ein Tier, das in der Durchführung seiner Instinkthandlungen gestört wird, stets wieder von vorne beginnt, da es den Ordnungsablauf des Instinktes nur als Ganzheit zu vollziehen im Stande ist, kann auch der rituelle Mensch den Ritus nur als Ganzheit vollziehen.

Jede Störung des einer inneren Ordnung folgenden Ritus gilt als höchst gefährlich, und der den Ablauf des Ritus Störende wird, auch wenn es sich um eine Fehlhandlung gehandelt hat, um Niesen, Stolpern usw., oft getötet, abgesehen da von, dass der Ritus, auch wenn er sich über Tage erstreckt, wieder von vorne begonnen werden muss.

Die zwanghafte Genauigkeit, mit der die heilige Handlung des Rituals durchgeführt wird, beruht vor allem darauf, dass der Umgang mit den Archetypen mit Recht als höchst gefährlich gilt. Mit der Festhaltung des Rituals wird auch der Archetyp »festgehalten« und dadurch, dass er nur innerhalb eines zwanghaft festen Formgefüges zugelassen wird, wird die Gefahr, die er bedeutet, abgewehrt. In diesem Sinne ist das Ritual nicht nur, wie Jung das beim Symbol nachgewiesen hat, ein Energietransformator, sondern es stellt auch einen

Schutz für das schwache Bewusstsein dar, indem es als ein Schleusensystem wirkt, welches das Einbruchsgefälle des Archetyps auffängt.

Daneben aber tritt im Laufe der Entwicklung ein weiteres Moment in den Vordergrund, das die zwanghafte Genauigkeit des Rituals verständlich macht. Es handelt sich um das Deutlichwerden des Bewusstseins-Vektors des Rituals, d. h. seiner das Bewusstsein ansprechenden Sinnhaftigkeit. Auch dieser Bewusstseins-Vektor ist an die sorgfältige Beachtung jeder Einzelheit im Ritual gebunden. Erst bei unendlicher Wiederholung im Laufe langer Zeiten wird das Ritual und seine Symbolik verstanden. Die unbewusste, aber an das Bewusstsein appellierende Sinnbedeutung des Rituals kann sich nur dann durchsetzen, wenn jede und auch jede *un*verständliche Einzelheit des Rituals genau und ernst genommen wird und lange Zeiten hindurch mit zwanghafter Treue tradiert und getan wird.

Von Anfang an gehört zum menschlichen Ritual eine Art begleitendes und beobachtendes Bewusstsein, das wir als matriarchales Bewusstsein bezeichnet haben,[12] und das die Vorstufe des späteren patriarchalen, abstrahierenden Bewusstseins darstellt.

Aus diesem mit dem kollektiven Unbewussten verbundenen matriarchalen Bewusstsein werden das Ritual wie das Symbol – und analog das gesprochene Wort oder die mythische Erzählung – geboren. Wenn aber der potenzielle Geistcharakter des bis dahin unbewussten Tuns durchsichtig wird, erreicht der Archetyp oder das Symbol eine neue Ebene seiner Wirkung und der Mensch eine neue Sinn ebene seines Lebens.

Während das matriarchale Bewusstsein noch weitgehend passiv und ich-unabhängig ist und wie ein Spiegelbewusstsein die archetypischen Inhalte und Symbole in sich einfallen lässt, beginnt mit steigender Ichaktivität auch eine Verarbeitung der Inhalte in der für unser aktiv patriarchales Bewusstsein typischen Art. In dem Maße, in dem das Ritual unbewusst begangen wird und der Bewusstseinsanteil gering ist, ist es durch die zwanghafte Wiederholungstendenz eines Instinktes charakterisiert. Je größer der Anteil des Bewusstseins und je individualisierter die menschliche Persönlichkeit ist, desto problematischer wird nicht nur die Wirklichkeit, sondern auch die Wiederholbarkeit des Rituals. Denn die Stiftungssituation des Rituals muss beim Versuch einer Wiederholung aus dem Dunkel des Unbewussten, in das sie zurückgesunken ist, wieder geholt werden. Diese Zurückholung aber kann nicht dadurch erfolgen, dass das Ich

---

12 Vgl. Verf.: Umkreisung der Mitte, Bd. II, Zur Psychologie des Weiblichen, 1953.

bewusst und willensmäßig das »macht«, was der Menschheit in der Ursprungssituation geschehen war.

Eine gewisse Chance für die Wiederholbarkeit des Rituals liegt darin, dass es seiner Natur nach dramatisch ist, wie der Traum und wie das von ihm abgeleitete Drama. Die Wegelemente des Ritus sind im Sinne einer unbewussten Steigerung angeordnet, welche zum »bursting point« führt, der die Mitte, die Peripetie des Rituals ist, in welcher das Erscheinen des Numinosen und die Katharsis des vom Ritual Ergriffenen »auf natürlichem Wege« erfolgt.

Der unbewusste Instinktablauf wiederholt sich beliebig oft, ohne seine eigentliche Wirkung einzubüßen, aber er wird, da er in keinem Bewusstsein reflektiert wird, nicht zur Erfahrung der Persönlichkeit. Wenn aber das Geschehen bewusst wird und das Ich affiziert, wird der unbewusste vom Instinkt dirigierte Wiederholungszwang unterbrochen. Jetzt muss, wenn die ursprüngliche archetypisch konstellierte Stiftungssituation wieder eintreten soll, der Weg, eben als Ritus, bewusst wiederholt werden.

Das Stiftungsgeschehen des Rituals ereignet sich, wann und wo es sich auch faktisch begeben haben mag, immer »am mythischen Ort und zur mythischen Zeit«. Das Gruppen-Ritual, das mit der Ganzheit getan und gegangen wird, ist die elementarste Stufe der Realisierung der archetypischen Welt. Schon mit der Symbolbereicherung des Rituals und der gesteigerten Bewusstseinsrepräsentation nimmt der Elementarcharakter der Ritualerfüllung ab und wird teilweise durch einen Verinnerlichungsprozess ersetzt. Denn auch die Bewusstwerdung ist dem Tun gegenüber ein Verinnerlichungsprozess. Mit fortschreitender Bewusstmachung verschiebt sich der Akzent immer mehr vom körperlichen Tun zum Schauen und vom Schauen zu einem bewussten »Inne-Haben«, welches das äußere Tun ersetzt, unnötig macht oder sogar ausschließt.

Die Bedeutung, Art und Wirkung des Rituals ist also stets auf eine psychische Gesamtkonstellation bezogen, welche durch das Bewusstsein, das Unbewusste und die Beziehung beider Systeme zueinander bestimmt wird. Wenn nur das Unbewusste, auf eine Welt-Situation reagierend oder spontan, eine bestimmte Wegrichtung einschlägt, kommt es zu einem psychischen Ablauf, der in der Art eines Instinktes die Persönlichkeit treibt. Ist aber umgekehrt eine nur bewusste Bereitschaft vorhanden, ohne dass ihr ein im Unbewussten gegangener oder vom Unbewussten konstellierter Weg entspricht, so kommt es zu einem rituellen Tun, das nicht die Gesamtpersönlichkeit bewegt, und das daher psychologisch wirkungslos bleibt.

Dementsprechend haben wir in der Entwicklung des Rituals je nach der Zuordnung zum Entwicklungsgrad der menschlichen Psyche verschiedene Phasen zu unterscheiden. An ihrem Beginn, dem tierischen Quasi-Ritual am nächsten, weil am meisten unbewusst, stehen die Gruppenrituale des Frühmenschen, ihnen folgen die Rituale, in denen die Repräsentationsdichte, damit aber Bewusstseinsnähe in Gestalt der Symbole und der Begleit-Mythen immer größer wird.

Der psychisch wirksam werdende Archetyp setzt die Gruppe im Ursprungsritual zunächst einfach in Bewegung, ohne dabei aus seiner »Unanschaulichkeit« herauszutreten. Damit erreicht der Archetyp die erste Stufe der Repräsentation. Während die Kenntnisnahme dieser Stufe sich aber vorwiegend noch innerhalb des psychischen Systems abspielt, das wir als matriarchales Bewusstsein bezeichnen, nimmt der Prozess des in Erscheinungtretens des Archetyps, seine Epiphanie, in der Differenzierung der Symbolgruppen immer klarere Formen an. Es kommt nämlich zu einer Ritualbereicherung und Differenzierung, in der die Symbolgruppen, die zu dem auftauchenden Archetyp gehören, deutlich werden und sich mit dem Ritual verbinden.

Das Ritual wird komplizierter, füllt sich mit Symbolik und wird im Kult, Kultort, Kultgebäude usw. immer sichtbarer.

Diese Stufe der Repräsentation und Bewusstseinsfähigkeit wird überhöht in dem Prozess, in dem der Ritus sich mit einem Mythos verbindet. Jetzt kommt es zur Interpretation des rituellen Geschehens. Ob der Begleitmythos die Ursprungsgeschichte des Rituals erzählt, ob er die Welt des Numinosen, das in ihm auftritt, verdeutlicht, oder ob er den das Ritual erstmalig begehenden Ahnen oder Helden feiert – in jedem Fall wird das Ritual geschichtlich und tritt ins Bewusstsein als ein von der Menschheit sinnvoll begangenes Tun.

In diesem bewusstseinsentwickelnden Vektor des Rituals, der auch zum Wesen jedes aus dem Unbewussten neu auftauchenden Symbols gehört, liegt eine seiner schöpferischen Bedeutungen für die menschliche Frühzeit. Dabei tritt der magische Charakter des Rituals in dem Maße zurück, in dem die Selbstinterpretation des Rituals und seine Interpretation durch den Mythos zunehmen. Beide aber bilden eine unlösbare Einheit, in welcher die bewusstseinsnahen, bewusstseinsfähigen und individuellen Elemente fortlaufend mehr in den Vordergrund treten.

Derartige entwickelte und komplizierte Rituale sind oft bereits in Kulturreligionen eingebettet, d. h. sie sind einer Menschheit zuzuordnen, in der die

Bewusstseinsentwicklung relativ hoch ist, die ursprüngliche Ganzheit der Gruppe und der Psyche aber bereits verloren zu gehen droht.

Rituelles Tun, sich darstellendes Symbol und mythische Deutung bilden die religiöse Einheit, in der die archetypisch wirkende Welt des Rituals dem Menschen bewusst wird. Dabei kommt es in der symbolischen Repräsentation des Tuns zu dem Sich-selber-Gegenübertreten, das die Menschheit als Bewusstseinsträger charakterisiert. Sie erlangt so eine neue Beziehung zur Welt, z. B. der Welt als Natur, eine bewusste Beziehung zum Transpersonalen. Damit also, dass die höhere Wirklichkeit des Numinosen zunächst begangen, dann erfahren und bewusst gemacht wird, kommt der Mensch nicht nur zur Erfahrung der Mächtewelt, sondern auch zur Erfahrung seiner selbst und seines Selbst. Indem er um das Transpersonale des Seins weiß und es im Ritual handhabt, erlebt er auch sich selber als transpersonal.

Bei diesem Prozess spielt das Symbol die entscheidende Rolle. Es ist die *Erleuchtungsstelle* des Tuns, in welcher Sinngehalt und Bedeutung des Getanen sich aussprechen. Das Symbol ist nicht nur von seiner emotional die Gesamtpersönlichkeit ergreifenden Wirkung her zu verstehen, sondern gerade auch als Vorstufe einer Bewusstwerdung, in der das Psychische im Menschen sich selber durchsichtig zu werden beginnt.

Obgleich Symbol und Mythos als archetypische Strukturen die Fähigkeit des verarbeitenden Bewusstseins übersteigen und prinzipiell nicht voll rationalisierbar sind, ist ihre bewusstseinsbildende und bewusstseinssteigernde Kraft für den Frühmenschen von hervorragender Bedeutung. In der gleichen Richtung bewegt sich die Wirkung des Rituals, das den Menschen zur Konzentration, Disziplin und damit zur Entwicklung des Willens zwingt. Auch in dem Sinne ist das Ritual bewusstseinsfördernd und bewusstseinsschützend, dass es das Ab- und Zurückfließen der Libido in die alten Instinktbahnen verhindert.[13]

Die Einheitswelt des Frühmenschen, in der Mythisches, Symbolisches, Religiöses, Künstlerisches und Soziales aufs intimste miteinander verflochten sind, beruht auf dem Geistcharakter des rituellen Tuns, das den Menschen zum »Eingeweihten« macht. Weil aber die Erfahrung der Transpersonalität ursprünglich an die Wirklichkeit des in der Gruppe erlebten Gruppenselbst gebunden ist, führt die Entwicklung zur Individualisierung und zur Erweiterung

---

13 Vgl. C. G. Jung, Wandlungen und Symbole der Libido, 1914, jetzt: Symbole der Wandlung, 1952, und C. G. Jung, Psychologische Typen, 1950.

und Differenzierung des menschlichen Bewusstseins dazu, dass die Wirklichkeit des ursprünglichen Gruppenrituals problematisch wird.

Die Reaktionen auf das Fragwürdigwerden des Gruppenrituals bewegen sich in verschiedenen Richtungen, von denen wir einige wenige herausgreifen wollen. Die eine Reaktion besteht darin, dass der Regenerationscharakter des Rituals betont und der Wiederanschluss an die Ursprungssituation des Gruppenrituals herzustellen versucht wird. Eine andere Reaktion führt über die Radikalisierung der Bewusstseinstendenz und der Individualisierung zur Auflösung des Rituals.

Jedes Instinktwesen partizipiert als Teil an dem transpersonalen Ewigkeitscharakter der Spezies. Das bedeutet aber, dass das Problem des Todes und der Nur-Personalität in dem Maße in den Vordergrund tritt, in dem der Mensch sich im Filialisierungsprozess, der zur Individualität des Einzelnen führt, von der unbewussten Partizipation am Ewigkeitscharakter der Spezies löst. Der Mensch gerät so in den Konflikt, der darin besteht, dass er in seinem profanen Sein als Ich und Einzelner lebt, aber seine Transpersonalität als Teil der Spezies und der Gruppe verloren hat. Der Entwicklungsfortschritt führt dann zu den Hochformen der Religion, in denen der Filialisierungsprozess zum Selbstbewusstsein des Menschen gelangt, der sich als Einzelner an das Göttliche angeschlossen fühlt, und zu den Mysterienriten, in denen der Einzelne sich als »unsterbliche Seele« oder in irgendeiner anderen Form als mit dem transzendenten Selbst verbunden oder identisch erfährt.

Das Ritual ist die Bewegung der archetypischen Welt auf den Menschen hin, die von ihm aufgenommen und in seinem Tun beantwortet wird. Das heißt, zunächst geht die Aktivität vom archetypischen Hintergrund aus und ergreift von sich aus den Menschen. Aber mit der sich entwickelnden Persönlichkeitsstruktur des Menschen verändert sich notwendigerweise auch seine Beziehung zum Ritual.

Damit, dass sich der Bewusstseinsvektor des Rituals immer deutlicher durchsetzt, beginnt eine Selbstauflösung des Rituals. Sie besteht darin, dass die im Ritual gelebte archetypische Welt ihre Energetik in ein gewandeltes menschliches Leben ausschüttet, und dass sich ihr Geistcharakter in der fortschreitenden Bewusstwerdung des archetypisch-symbolischen Hintergrundes erfüllt.

Wir wollen hier nicht verfolgen, wie sehr die menschliche Welt durch den Ritualweg bereichert worden ist. Dass aber Ritus, Symbol und Mythos die ursprungsnahen Quellen der psychischen Sinnerfülltheit des Lebens sind, müssen wir an dieser Stelle betonen, weil wir uns im Folgenden gerade auch mit der Entartung des Rituals beschäftigen und die Berechtigung der antiritualistischen Tendenzen innerhalb der Menschheit zu verstehen versuchen werden.

Die Entwicklung des Bewusstseins führt mit Notwendigkeit zum Verfall des ursprünglichen Kollektivrituals. Erst wenn die Notwendigkeit dieses Auflösungsprozesses durchsichtig geworden ist, lässt sich die Bedeutung der neuen Entwicklungsstufe verstehen, welche von der Menschheit in der Moderne erreicht worden ist. Diese letzte Stufe, die wir im zweiten Teil darzustellen versuchen werden, ist die Erneuerung des Ritualgeschehens im Individuationsprozess.

II

Im Laufe der Menschheits-Entwicklung wird die Rolle des Einzelnen immer augenfälliger. Es beginnt der dialektische Prozess zwischen der Gruppe und dem schöpferischen Einzelnen, und das Gruppenritual wird durch von Einzelnen gestiftete Rituale ergänzt und ersetzt.

Schon die Ritual-Bereicherung, noch mehr die Phase der mythischen Erzählung ist auf das Vorhandensein von. Schöpferischen Menschen angewiesen, in denen die Symbole und Mythen entstehen. Im Laufe der Zeit kommt es zu einer fort schreitenden Differenzierung der Gruppe, und die ursprüngliche religiös demokratische Situation, in welcher die Wirksamkeit des Rituals von der Ritualfähigkeit jedes Gruppenteils abhing, wird aufgehoben. Einzelne und Gruppen von Einzelnen, die sich auf die Mächte »verstehen«, die wissen, was zu tun ist und wie zu tun ist, werden nun zu Organen, zu Repräsentanten der Gruppe und übernehmen »an Stelle« und »für« die Gemeinschaft den Umgang mit dem Numinosen.

Von den sehr verschiedenen Prozessen, die in die unheilvolle Richtung der Spezialisierung drängen, können wir nur einige hervorheben. Die von Anfang an wirksame Verschiedenheit der Menschen tendiert dahin, dass vom Kollektiv besonders dafür begabte Individuen als Medizinmänner, Propheten, Führer usw. ein gesetzt werden, welche nun im Kollektivleben einen hervorragenden Platz einnehmen. Mit der Weiterentwicklung und Komplizierung des Rituals, das ja nur ein Teil der gesamten sich differenzierenden religiösen Entwicklung ist, wird die Notwendigkeit der Spezialisierung immer größer.

Der entscheidende Faktor aber besteht darin, dass der Einzelne, der allmählich immer mehr an individuellem Sein und an individueller Welt gewinnt, dies notwendigerweise mit einem entsprechenden Verlust zu bezahlen hat, nämlich mit einer steigenden Herauslösung aus seiner participation mystique mit der Gruppe und ihrer Welt. Die Individualisierung des Einzelnen wird deswegen durch eine Hervorhebung und Machtverstärkung der Instanzen kompensiert, die nun in Stellvertretung der Gruppe den Umgang mit dem Numinosen zu bewältigen haben. So kommt es zu der neuen, verhängnisvollen, wenn auch notwendigen Differenzierung innerhalb der Menschheit, der Abspaltung der Priester als Standesgruppe von den schöpferischen Einzelnen, die ihrer Natur nach für den Umgang mit dem Numinosen prädestiniert sind.

Die psychische Situation des Schöpferischen, in dem z. B. das neue Symbol oder das neue Ritual oder der Mythos durchbricht, ist charakterisiert durch die Ergriffenheit seiner Gesamtpersönlichkeit, d. h. durch eine Verbindung seines Ich mit dem Selbst und seines Bewusstseins mit der archetypischen Welt. Diese Gesamt-Situation ermöglicht nicht nur das Neuauftreten des Numinosen, sondern nimmt auch den Bewusstseinsvektor dieses Neuen auf, weil das erfasste Individuum zur individuellen und bewussten Auseinandersetzung auf Leben und Tod gezwungen ist.

Der Priester aber als Vertreter eines Standes ebenso wie der Ritual-König z. B. in Ägypten »repräsentiert«, er ist ein Kollektiv-Organ und nicht notwendiger weise existenziell als psychische Wirklichkeit in sein rituelles Tun einbezogen. Das ist ebenso verständlich wie katastrophal. Indem der Priester das Ritual an Stelle der Gruppe handhabt, wird er unpersönliches Instrument des Kollektivs – auch wenn er selber es natürlich vorzieht, sich als unpersönliches Instrument der Mächte zu interpretieren. Er gewährleistet das Leben des Kollektivs dadurch, dass er den Ewigkeitsbestand des Rituals repräsentativ verwaltet, aber die Problematik des Rituals wird jetzt darin durchsichtig, dass eine steigende Bemühung, das Ritual zur Schau zu stellen, mit einem inneren Verfallsgeschehen des Rituals parallel geht. Das Grundphänomen, welches die Basis und Wirklichkeit des Rituals ausmacht, zersetzt sich.

Wir finden überall den Versuch, die Ursprungssituation des Rituals regenerativ durch eine Re-Integration des Einzelnen in die Gruppe wiederherzustellen.

Wesentliche Teile der Kulturen, der Religionen und des Kultes sind unter der Wirkung dieser Tendenz entstanden. Jetzt ist nicht mehr das ursprüngliche Einheitsphänomen von Ritual, Mythos, Kunst und sozialer Wirklichkeit lebendig, sondern die Kunst, die Mythen usw. werden zur Ausgestaltung, Feierlichmachung, Repräsentation, z. B. als Mythendramen und Theater, herangezogen.

Es handelt sich um den mehr oder weniger bewussten Versuch der Priesterschaft, das weltlich gewordene Volk zu erreichen, es hineinzuziehen, es in »Bewegung zu bringen«. Aber diese Bemühung um die Wiederherstellung einer Ritualfähigkeit ist mehr oder weniger äußerlich. Die Folgen sind Massengeschehen und Massenwirkungen und in steigendem Maße religiös-rituelle Schauspiele.

C. G. Jung hat von der »indirekten Wiedergeburt« gesprochen[14], die durch Teilnahme an einem außerhalb des Individuums geschehenden Wandlungsprozess sich vollziehe, und er hat dabei auf die Eleusinischen Mysterien und die katholische Messe hingewiesen. Wenn er formuliert: »Durch Anwesenheit bei dem Prozess entsteht eine Gnadenwirkung im Individuum«, dann ist diese zunächst theologisch klingende Aussage durch die psychologische zu ergänzen: »Anwesenheit« ebenso wie »Prozess« müssen als psychologische Wirklichkeiten und nicht als faktische Äußerlichkeiten verstanden werden. Die Voraussetzung für eine echte Gnaden*wirkung* ist nur dann gegeben, wenn der schauende Mensch an den außen geschehenden Vorgang im Sinne einer participation mystique angeschlossen ist. Erst dann handelt es sich um einen *Prozess*, bei dem er *anwesend* ist – im Gegensatz zu seinem puren Vorhandensein, während außen etwas von anderen gemacht oder vorgeführt wird.

Bei einer derartigen *echten* Situation, die der Ursprungssituation des Rituals entspricht, handelt es sich um die Exteriorisierung eines inneren Vorgangs. Der Schauende und das außerhalb von ihm Geschehende und Gesehene sind dann Teile eines einheitlichen psychischen Ganzen, in dem das Außen kein Außen mehr ist, sodass die indirekte Wiedergeburt sich als direkte Wiedergeburt herausstellt.

Wenn aber dieser ursprüngliche Anschluss des Menschen an das Ritualgeschehen nicht mehr vollzogen wird, kommt es nur noch zur *Verehrung* des Bildes und des Symbols, aber nicht mehr zu seiner inneren *Erzeugung*.[15] Der ursprünglich im Ritual zu gehende Weg wird nun zum Prozessionsweg einer Masse, und regressive, erhaltende und regenerative psychische Tendenzen mischen sich so stark, dass wir jetzt eine Opposition gegen das Ritual gerade

---

14 C.G. Jung, Über Wiedergeburt, In: Gestaltungen des Unbewussten 1950.
15 Vgl. H. Zimmer, Kunstform und Yoga, 1926.

bei *den* Menschen und Menschengruppen finden, die anfangs als schöpferische Einzelne das Ritual geschaffen hatten.

Es kommt nun zur Entwicklung des Ritualismus. Das Ritual wird vom Menschen unabhängig. Es wird getan, ohne von einem analogen psychischen Prozess im Menschen getragen zu werden, es wird zum »Geschehen an sich«, zum Schauspiel, in dem die Archetypen sich selber bewegen, aber es ist nicht mehr eine Bewegung des Menschen, durch den sich die Archetypen bewegen. Das verbürgt dem Ritual seinen Ewigkeitscharakter in der Anschauung, aber die im Ritual gezeigte Theophanie ist nun nicht mehr im Menschen geschehende Theophanie.[16]

Auf diese Weise entwickelt sich mit der Verabsolutierung des Rituals eine sakrale Ritualstarre, und das Ritual wird zum Abwehrsystem eines fixierten Bewusstseins, durch das die Welt des Numinosen in ihrer sich immer neu konstellierenden Einbruchsmacht gerade ausgeschlossen wird. Der schöpferische Bewusstseinsvektor des Rituals ebenso wie seine emotionale Komponente werden ausgeschaltet, und die fixierende Abwehr, die wir als *ein* Merkmal des Rituals kennengelernt hatten, wird jetzt zum beherrschenden Faktor. In Wirklichkeit ist das Ritual nun nicht mehr – wie anfangs – ein System, das die numinose Überlebendigkeit der im Ritual wirkenden archetypischen Welt dem Menschen geformt zuführt, sondern ein Zaun, der die lebendige Erfahrung des Numinosen von dem erstarrten Bewusst sein fern hält.

Jetzt erst tritt der Zwangscharakter des Rituals an die Stelle seines Ewigkeitscharakters. Dieser Tod des lebendigen Rituals wird zwar durch eine Fülle erbauender, rührender und erhebender Kult-Motive zu verdecken versucht, aber es wird durch sie nichts mehr verändert, nichts mehr gebaut, bewegt und wirklich schöpferisch ans Licht der Welt gehoben. Damit aber wird das Ritual zur Gefahr, zum »Opium fürs Volk«.

Welch eine Entwicklung vom Gruppenritual, in dem jeder Einzelne gottdirekt war und die Gestalt der Gottheit mit seinem eigenen Leib und Leben ging, zum entmündigten Volk, das als Zuschauer an einem Ritual beteiligt wird,

---

16 Fraglos kann und darf die durch das Ritual hergestellte Persönlichkeitswandlung auch eine partielle sein. Viele Riten sind ja auf Situationen, wie z. B. eine Krankheit bezogen, aber auch Veränderungen, bei denen »Teile der Persönlichkeit einer Heilung, Stärkung oder Verbesserung unterzogen werden:« (C. G. Jung, Über Wiedergeburt, op. cit.), sind durch ein Ritual nur dann zu bewirken, wenn die Persönlichkeit an dieses Ritual psychisch angeschlossen ist.

dessen Sprache es oft nicht versteht. Jetzt kann eine den Ritualismus vertreten-
de Priesterschaft mit ihrer dogmatisch und fanatisch gewordenen Ritual-Starre
bewusstseinsfeindlich wirken. Der vom Priestertum angestrebte Ritualismus,
der die archetypische Gestalt unabhängig vom Individuum feiert, hat dazu geführt, dass wir im Abendlande staunend vor der Fülle ewiger Gestalt stehen, die
im Ritus, in der Religion, in der Kunst, d. h. in der Kultur, sich niedergeschla-
gen hat. Aber wir sind auch ebenso überwältigt von der Unerfasstheit und Ungeformtheit des abendländischen Menschen durch eben diese Gestalt.

Die Opposition gegen das Ritual entwickelt sich grundsätzlich in zwei verschiedenen Richtungen und entstammt zwei verschiedenen Grundhaltungen.
Die eine Opposition, die wir »prophetisch-mystisch« nennen können, protes-
tiert gegen Ritual und Ritualismus, weil ihre Träger zu den schöpferischen Einzelnen gehören, denen gerade der schöpferische Kontakt zum Numinosen im
wahren Sinne des Wortes am Herzen liegt. Für sie gilt das Wort Prof. van der
Leeuws: »Die Kraft der Begehung verliert sich durch Verinnerlichung«,[17] denn
nicht nur um die antirituelle Haltung der alttestamentlichen Propheten und um
die sie fortsetzende antigesetzliche Haltung des Jesus von Nazareth und Paulus
geht es hier, sondern um die ganze Linie der religiösen Erneuerer, Stifter, Mystiker und Ketzer in allen Religionen, denen die Neu-Offenbarung des Numinosen wichtiger und entscheidender war als der Schutz und die Bewahrung der
Ewigkeitswerte, die in dem Schrein eines erstarrten Rituals wie Reliquien festgehalten werden.

Diese antirituelle Haltung greift auf den revolutionären Charakter des
schöpferischen Geistes zurück, der im Stiftungsgeschehen und in der Urgemeinde des Rituals lebendig ist. Für die Vertreter dieser Lebendigkeit des
Numinosen gilt die priesterliche Wahrheit von dem in mythischer Vergangenheit eingesetzten Ritual ebensowenig wie die mystische Wirklichkeit einer absoluten sakramentalen Gegenwärtigkeit des Ewigen, wenn sie nicht von der Ak-
tualität einer sie erfahrenden menschlichen Totalität immer wieder neu gestiftet
wird. Sie erkennen zwar den Ewigkeitscharakter, der in der archetypischen
Wirklichkeit des Rituals besteht, aber sie anerkennen nur die wirkende Wirklichkeit dieser Ewigkeit, aus der die menschliche Struktur gewandelt hervorgeht,
nicht aber eine Ritual-Partizipation ohne echte Wandlungsphänomenologie.

Für diese Haltung ist die chassidische Geschichte von dem Zaddik typisch,
in dessen Zimmer seine Schüler mit dem Rufe hineingestürzt kommen: Das

---

17 Van der Leeuw, Phänomenologie der Religion, 1933, S. 325.

Schofar tönt, der Messias ist erschienen, und der den Kopf aus dem Fenster steckt und nach einigen Augenblicken traurig zu den Schülern sagt: Ich rieche keine Erneuerung.[18]

Dieses sehr reale Kriterium gilt auch für das Ritual – wobei ich nicht das Vorhandensein weniger möglicher Ausnahmen bestreiten will, für die das Ritual auch in späterer Zeit noch im ursprünglichen Sinne wirksam sein mag. Man wird aber nicht behaupten können, dass die abendländische Welt einen sehr gewandelten Eindruck macht. Die Gefahr aber ist ungeheuer, die darin liegt, dass in einer ungewandelten Menschheit, d. h. in Menschen, die keine echte archetypische direkte Erfahrung haben, durch die Riten der Religion die Illusion erzeugt wird, sie hätten Anteil am archetypischen Charakter des Numinosen. Die Forderung, sich über die geschehene Wandlung durch ein gewandeltes inneres und äußeres Leben auszuweisen, ist keine ethische Forderung, sondern sie ist das Kriterium für die Wirksamkeit des Rituals, wenn man einmal verstanden hat, was es heißt, das Ritual müsse von der Totalität des Menschen gegangen und begangen werden.

Die Regenerationsversuche der prophetisch - mystischen Richtung sind ursprünglich stifterische, wie bei den Religions- und Sektengründern und bei all den schöpferischen Einzelnen, die eine neue ritualfähige Urgemeinde zu bilden versucht haben. Auch die Mysterienbewegungen und die gnostischen Kreisbildungen gehören in diesen Zusammenhang. Dabei steht bei der prophetisch-mystischen Richtung je nach der individuellen Verschiedenheit ihrer Vertreter einmal der energetische Wandlungs- und Wirkungscharakter der archetypischen Welt des Rituals im Vordergrund, ein anderes Mal ihr Geist-Ordnungs-Charakter. In beiden Fällen aber ist es das ursprüngliche Ritual, das, wenn auch bereits in individueller Form, als gültig anerkannt und gelebt wird.

Andere Versuche dieser Richtung kennen wir von den eigentlichen Verinnerlichungsbewegungen, den mannigfachen Reformations- und Regenerationstendenzen in allen Religionen, die auf das innere Verständnis des rituellen Geschehens gerichtet sind und seine individuellen ethischen Konsequenzen zu entwickeln versuchen. Hier finden wir häufig eine Mischung der prophetisch auf die Erweckung des Urphänomens zielenden Tendenz mit einer mystisch-symbolischen Interpretation der religiösen Texte, die den Übergang zu der zweiten antirituellen Bewegung bildet, welche wir im Gegensatz zur prophetischen die »aufklärerische« nennen können.

---

18 M. Buber, Die Chassidischen Bücher, 1927.

Wir dürfen die aufklärerische Tendenz nicht platt missverstehen, denn sie ist für die Menschheitsentwicklung mindestens ebenso wichtig wie die prophetische. Während für die prophetisch-mystische Haltung die archetypische numinose Bewegung als schöpferischer Kern des Rituals gilt und sein Verfall im Ritualismus der eigentliche Gegenstand der Opposition ist, wendet sich die aufklärerische Opposition gegen den Zerfall des Bewusstseinsvektors, der im ursprünglichen Ritual lebendig gewesen war.

Darauf, dass der degenerierende Ritus nicht nur keine Neu-Erkenntnis und Neu-Erleuchtung bringt, sondern dass er gegenüber einem entwickelten Bewusst sein als veraltet und regressiv, weil erkenntnisverhindernd wirkt, liegt hier das Schwergewicht. An diesem Punkt setzt diese Opposition ein und führt mit verstärkter Bewusstseinsskepsis gegenüber der religiös-konservativen Tradition zur Entwicklung der Philosophie. Natürlich können wir auf diese Tendenzen und Entwicklungen, die in Wirklichkeit überaus vielfältig zusammengesetzt sind, nur hinweisen. Wichtig ist für unseren Zusammenhang die Einsicht, dass die antirituelle aufklärerische Bewegung sich ebenso auf einen schöpferischen Zug der Ursprungssituation stützt wie die prophetisch-mystische. So wie diese auf den *archetypischen* Charakter der Urerfahrung zurückgreift, hält sich jene an ihren *Bewusstseinsvektor*.

Beide Oppositionen sind im Sinne des Prinzips der Filialisierung an den Einzelnen fortschrittlich, indem für die eine Richtung die Individualität des Einzelnen und seine persönliche Erfahrung, für die andere die Dignität des Bewusstseins und der Bewusstseins-Verarbeitung im Zentrum ihrer Opposition oder besser im Zentrum ihrer Revolution stehen.

Beide Tendenzen vereinigen sich im Prozess des Individuationsrituals der Moderne, mit dem wir uns nun beschäftigen müssen, da wir auf die Geschichte des Kampfes der Oppositionsrichtungen mit dem religiösen Ritualismus im Abendland ebensowenig eingehen können wie auf den Verfall des Rituals in der Moderne. Wir wollen nur erwähnen, dass die modernen Massenfeste Entartungen ursprünglicher Gruppenrituale sind. Hinter dem Sportfest, als Ballspiel und als Rennen, stehen ebenso zerfallene Rituale, wie hinter dem Kino und dem Theater, den Glücksspielen und den Wetten. Der Illusionismus der Masse mit der Unwirklichkeit ihrer Emotionen und Begehungen ist der letzte Ausläufer des Gruppenrituals. Die Musikvermassung, die nächstens dazu führen wird, sich die Matthäuspassion als Begleitmusik im Auto anzuhören, ebenso wie die Zeitschriftenfotografien von Ritualien wie z. B. der Messe und ihre Übernahme in das Kino und Television – all dies spricht deutlich genug für die Entseelung des ursprünglich Lebendigen und gegen die Möglichkeit einer rituellen Gnadenwirkung für die Zuschauer. Ganz abgesehen davon, dass der Ausfall des Bewusstseinsvektors diese Massensituationen psychologisch zu regressiven Kollektivvergiftungen degradiert, wenn überhaupt noch von echten Wirkungen gesprochen werden kann.

An drei Stellen begegnet uns in der Moderne das echte Phänomen des Rituals: beim schöpferischen Prozess, der uns hier nicht beschäftigen kann, bei der seelischen Krankheit und beim Individuationsprozess. Bei ihnen allen steht die relative Dürftigkeit und Unvollständigkeit der Individualriten im Gegensatz zu der Pracht und vollkommenen Ausgestaltung der Kollektivrituale, aber bei ihnen allen lässt sich dafür die Echtheit des rituellen Phänomens an seiner Wirksamkeit nachweisen, auch dies im Gegensatz zur weitgehenden Wirkungslosigkeit der Kollektivrituale.

In der Krankheit und im Individuationsprozess offenbart sich die ursprünglich schützende Funktion des Rituals. Der sich durchsetzende Archetyp wird in einem Ordnungssystem aufgefangen, das nicht vom Bewusstsein gemacht, sondern vom Archetyp selber konstelliert wird, der, wie der Instinkt, seine eigene Ordnung mitbringt.

In diesem Sinne gleicht das Ritual einem Bewässerungssystem, mit dessen Hilfe die Urströmung des Unbewussten der Persönlichkeit zugeleitet wird. Dies Bild drängt sich auf, weil in ihm gleichzeitig die Fruchtbarmachung durch das Ritual, d. h. seine schöpferische Seite, gefasst wird, wie die Abwehrseite, welche die Überschwemmung durch die archetypische Welt verhindert. Während in der Krankheit die Abwehrseite betont bis überbetont wird – insbesondere in der Zwangsneurose und den vielen Abwehrhaltungen der Neurose überhaupt –, steht beim Individuationsprozess die schöpferische Seite im Vordergrund.

Immer wieder aber lässt sich der Übergang von der einen zu der anderen Seite nachweisen. In dem Augenblick, in dem ein Zwang verstanden, d. h. bewusstseinsfähig wird, schlägt die Überbetonung des Abwehrcharakters gegen den Archetyp um, wodurch sich der Zwang aufzulösen beginnt. Und oft genug ist der Übergang der Heilung einer Neurose in den Individuationsprozess dadurch charakterisiert, dass der Abwehraspekt durch den schöpferischen Aspekt des Rituals überholt wird.

Wenn man vom Zeremoniell der Zwangsneurose und der Neurose spricht, meint dies, dass die wesentlichen Krankheitssymptome in einem rituellen Tun bestehen und nicht in Organstörungen, Visionen, unbestimmten Angstzuständen usw.

Schon S. Freud hat – ohne die positiven Konsequenzen dieser Feststellungen ziehen zu können – wesentliche auch für den Individuationsprozess geltende Merkmale der Zwangsneurose nachgewiesen, welche die Individualrituale – zu denen auch die Krankheit gehört – von den echten Kollektivritualen unterscheiden. Er sprach von der Zwangsneurose als dem »Zerrbild einer Privatreligion«, beobachtete, dass Zwang und Verbote anfangs nur »die einsame Tätigkeit des Menschen« betreffen, dass die Öffentlichkeit, die Gegenwart anderer Personen während der Vollziehung fast immer ausgeschlossen ist, und dass im Gegensatz zur Stereotypie des Kollektivrituals bei dem Kranken eine größere individuelle Mannigfaltigkeit der Riten nachweisbar ist.[19]

Ein weiteres Merkmal der Zwangsneurose ist die oft überstarke Beteiligung des Bewusstseins als Grübeln, Zwangsdenken usw., welche wesentlich zur Ausgestaltung der Ritualien und der Ritualzusammenhänge beiträgt. Dieser Zug entspricht dem Bewusstseinsvektor des Rituals, wobei die Tendenz, das Getane zu verstehen und zu interpretieren, in der Krankheit immer wieder durch die Abwehrtendenz des Bewusstseins verwirrt und verhindert wird, welchem gerade an der Fernhaltung der unbewussten Inhalte zu liegen scheint.

Auch hier steht hinter der psychischen Erkrankung die unerkannte Wirkung der archetypischen Welt. Wie das Festgehaltenwerden in einer archetypischen Phase der Entwicklung, z. B. in der matriarchalen Welt, eine Frau liebesunfähig machen, und wie die Besessenheit von einem unbewussten archetypischen Bild die Symptomatik einer Krankheit bestimmen kann, so kann auch ein unbewusstes Ritual als Zwang im Zentrum einer Krankheit stehen. K. Abraham[20] hat ein schönes Beispiel eines Zwangsrituals veröffentlicht. Und zwar handelt es sich um ein kompliziertes Ritual, das bei verschiedenen Patientinnen völlig unabhängig voneinander auftauchte. Obgleich Abraham natürlich versucht hat, das Geschehen personalistisch auf den Ödipus-Komplex zu reduzieren, stellt er

---

19 S. Freud, Zwangshandlungen und Religionsübung, Kleine Schriften zur Neurosenlehre, 3. Aufl., 1921.

20 K. Abraham, Selected papers on Psycho-Analysis, Chapt. III, „A complicated ceremonial found in neurotic women"; dtsch. in: Psychoanalytische Studien, Bd. II (S. Fischer Verlag), 1971, S. 40f.

selber mit Verwunderung fest: „We often find persons making use of the same or of very similar neurotic ceremonials, notwithstanding that they come from entirely different social circles, and differ completely in their way of life, the circumstances in which they are placed, their intellectual abilities, and their opinions."

Das Ritual der erkrankten Frauen bestand in besonderen Vorbereitungen beim Zubettgehen, besonders sorgfältiger Schmückung, zwangsmäßigen Haltungen usw., und es war immer mit der Vorstellung des plötzlichen Todes während der Nacht verbunden. Abraham hat das echte Mythologem, das in diesen Erkrankungen lebendig geworden ist, mit Recht als »Todes-Braut-Zeremonial« bezeichnet. In seiner Mitte steht das archetypische Bild des Erscheinens des Drachens, der »Großen Schlange«, die – wie in Apuleius' »Amor und Psyche« – Tod und Liebhaber zu gleich ist.[21]

Es handelt sich bei diesen Zwangsneurosen um ein zentrales Thema der Psychologie des Weiblichen, um die Liebe der Frau zu einem transpersonalen und übermächtigen Männlichen, von dessen zugleich Tod und Leben spendendem Einbruch die echte Erfüllung ihres Lebensschicksals abhängt. Eine analytische Bearbeitung, die hier nur personalistisch reduziert, nicht bis zur archetypischen Schicht hinabstößt, und die erkrankte Persönlichkeit nicht zur Bewusstmachung der in ihr wirksamen Tiefenkräfte bringt, muss natürlich verhängnisvoll wirken, jedenfalls aber wirkt sie verstümmelnd, wenn sie die Persönlichkeit nicht zu der Tiefe an Einsicht bringt, welche ihre Anlage – und ihre Krankheit – von ihr wesensmäßig verlangt.

Diese Zwangsritualien der Krankheit sind nicht nur in ihrem Inhalt, sondern auch in der Form ihrer Durchführung archetypisch.

Es ist hier auf die Arbeit von C. A. Meier »Spontanmanifestation des kollektiven Unbewussten« hinzuweisen, dessen Patientin fast außerhalb der Analyse – nämlich nach einigen wenigen Besuchen beim Therapeuten – in einem halb somnambulen Zustand eine Fülle von archetypischen Riten spontan inmitten der Stadt Zürich »ging«.[22]

Bekanntlich gehört das religiöse Phänomen zu den zentralen Inhalten des Individuationsprozesses. Wir wollen in unserm Zusammenhang weder von der Symbolik noch von der Mythologie des Individuationsprozesses sprechen, son-

---

21 Vgl. Verf.: Eros und Psyche, Ein Kapitel aus der seelischen Entwicklung des Weiblichen, ein Kommentar zu Apuleius: Amor und Psyche, 1952.
22 Zentralblatt für Psychotherapie und ihre Grenzgebiete, Bd. 11, H. 5, 1939.

dern uns nur auf das rituelle Tun beschränken. Wir haben beim Individuationsprozess zwei Ebenen rituellen Tuns voneinander zu unterscheiden, die primäre Wirklichkeitsebene, auf welcher der Mensch sich als Ganzheit rituell verhält, also z. B. das Mandala malt, die Plastik formt, den Ritualtanz tanzt, und die nicht minder wichtige Ebene der aktiven Imagination, in welcher der Imaginierende in seiner Fantasie ein Ritual ausführt, indem er in ihr tanzt, einen Sakralort aufsucht usw.

Warum, so müssen wir uns fragen, hat das Individualritual für die von ihm erfasste Persönlichkeit eine größere Wirklichkeit als das Außenritual? Das Individualritual spielt in einem psychischen Raum, der, wie Rilke es formuliert hat, ein Welt-Innenraum ist. Das im Ritus handelnde Ich, das im Ritual erscheinende Numen und der Sakral-Ort, an dem dies alles geschieht, sind nicht mehr mit den Kategorien der üblichen Innen-Außen-, Subjekt-Objekt-Trennung zu fassen. Die psychische Einheit zwischen dem das Ritual Durchführenden, dem Numen und dem archetypischen Geschehen, die zum Wesen des ursprünglichen Rituals gehört, und die im Laufe der Entwicklung problematisch bis unwirklich geworden war, ist im Individualritual wieder gewährleistet. Das Geschehen ereignet sich aber nun nicht mehr außen zwischen dem Einzelnen und dem Kollektiv, sondern der Einzelne wird durch das Ich vertreten, das Kollektiv durch die Tiefenschicht des kollektiven Unbewussten, welche in der Psyche das Kollektiv repräsentiert.

Die Einheit dieser Partner, die im Außenritual so mühsam bewerkstelligt werden muss, ist im psychischen Innenraum von Natur her gegeben, da die für die Wirkung des Rituals notwendige participation mystique zwischen dem das Ritual Agierenden und der archetypischen Welt durch die Zusammengeschlossenheit in der Einheit der Psyche garantiert ist.

Während aber im Primitiv-Ritual die Unbewusstheit der am Ritual Beteiligten die Projektion des Geschehens in den Welt-Außen-Raum notwendig gemacht hatte, wird im Individualritual spontan die Erfüllung der echten Ritualsituation erreicht. Erst in ihm kommt es zur bewussten Erfahrung der archetypischen Welt, erst in ihm wird aber auch der Mensch unserer Zeit wieder ritualfähig. Seine Ritualfähigkeit wird nicht mehr dadurch hergestellt, dass er Teil der Gruppe ist, sondern er realisiert umgekehrt die Gruppe als Teil seiner eigenen Tiefenschicht. Ebenso erfährt er das Transpersonale nicht mehr nur als die umfassende Ganzheit der Gruppe, als Gruppenselbst, sondern zunächst als zentrales eigenes Selbst.

Der Prozess der Filialisierung kommt jetzt im Individuum zu seiner bewussten Erfahrung, und gerade damit erweist sich das Individuum als Nicht-Mehr-Einzelner. Die Subjekt-Objekt-Trennung, die für ein nur ich-zentriertes Bewusstsein zwischen dem Einzelnen und der Gruppe wirksam geworden war, wird jetzt abgelöst durch die Herstellung einer psychischen Struktur, mit welcher der Einzelne trotz seiner Individualisierung tief in den Wurzelboden des kollektiven Unbewussten der Gruppe hineinreicht. Damit wird das Individuum selber zu einem sakralen Ort, an dem – insgeheim – das Ritual stattfindet, das den Einzelnen mit der Gruppe verbindet, und in dem die schöpferische Zukunft beider sich vorbildlich »abspielt«.

Die Echtheit des Individualrituals ist dadurch garantiert, dass es – im Gegensatz zum kollektiven Außenritual – spontan und *nur* spontan auftritt. Das Grundproblem des Kollektivrituals, dass es nicht mehr der psychischen Situation des Einzelnen entspricht und vom Individuum zu einer äußerlich gegebenen vorgeschriebenen Zeit vollzogen werden muss, fällt fort. Gerade damit aber hat sich auch die so problematische Notwendigkeit der »Wiederholung« des Rituals aufgelöst. Denn im Individuationsprozess löst ein Ritual das andere ab, jedes wird im Kairos begangen, und keines bleibt beständig.

Das Individualritual wird von der Psyche ja nur dann in Bewegung gesetzt, wenn das Individuum in Not ist, d. h. das Ritual ist »richtig«, auch wenn das Ich sich das Verständnis für die individuelle Sinnhaftigkeit des Rituals erst erarbeiten muss.

Damit kommen wir zu einem weiteren wesentlichen Punkt der Entsprechung zwischen Individual- und Ursprungsritual. Auch im Individualritual ist der Bewusstseinsvektor des Rituals erhalten und wesentlich. Die imaginierende oder in ihrem Welt-Innenraum ein Ritual ausübende Persönlichkeit muss zu einer Interpretation und zu einem Sinnverständnis dessen gelangen, was sie tut, weil sie sich sonst oft einfach wahnsinnig vorkommen würde. Das Bewusstsein hat, wenn die ersten vergeblichen Abwehr- und Verdrängungsversuche gescheitert sind, auch von sich aus die Tendenz, sich mit dem aus dem Unbewussten auftauchenden Geschehen auseinanderzusetzen. Wo dies ungenügend der Fall ist, wird die helfende Aktivität des Analytikers sich einschalten, in jedem Falle aber wird der innere Sinn des Rituals bewusstseinsfähig werden.[23]

Dieser im Individualritual sichtbar werdende Bewusstseinsvektor fußt auf dem Geist-Ordnungs-Charakter der Archetypen, von denen jedes Ritual lebt. Ich möchte das an einem Beispiel zu erläutern suchen, das mir für den Ordnungs- und Zwangscharakter des Rituals aufschlussreich zu sein scheint.

Es handelt sich um Phantasien eines Patienten, für dessen Imagination es charakteristisch ist, dass er selber, bevor er mit der Imagination beginnt, nicht die geringste Vorstellung von dem hat, was sich ereignen wird. Er berichtete, er habe die Vision des »Mandalas der Götter«, wie er die Imagination nannte, in relativ sehr kurzer Zeit – ich glaube, es handelte sich um etwa eine Stunde – aufnotiert.

Ich gehe hier nicht auf den Inhalt der Vision ein, denn es liegt mir nur daran, den rituell formalen Ordnungscharakter zu betonen, in dem, vom Unbewussten her, das Geschehen gegliedert wird. Am Beginn der Vision nahm das Ich die zentrale Stellung in einem Berg-Raum ein, in welchem ihm zwölf Götterbilder erscheinen sollten. Dabei schwebte über seinem Kopf eine Art Perl-Lampe, vor ihm lagen ein Stab, eine Schale mit Wasser und eine Blüte.

Ich kürze die Schilderung ab. Nachdem er die ersten vier Bilder gesehen hatte, überfiel ihn eine »starke Müdigkeit« – ich zitiere – er fühlte sich aber von innen her angerufen: »Die Stunde kommt nicht wieder, es sind zwölf!« (d. h. zwölf Gottheiten). Darauf imaginierte er weiter, um nach zwei weiteren Bildern von »verdoppelter Müdigkeit« ergriffen zu werden. Darauf fasste er den Stab, der vor ihm lag und sah mit neuen Kräften die zwei nächsten Bilder. Nun packte ihn »unendliche Müdigkeit«, und sein Haupt sank vornüber. Jetzt nahm er die Schale, trank und erfrischte sich an dem Geruch der Blume. Danach gelang es ihm, weitere zwei Bilder zu fassen, dann aber »fehlte ihm die Kraft«, und erst als er die über ihm schwebende Perl-Lampe in sich hineingezogen hatte, glückte ihm die Vision auch der zwei letzten Bilder, nach denen er in der Imagination in Schlaf fiel.

Uns interessiert hier nur der formal ordnende Ritual-Charakter des Geschehens, mit dessen Hilfe die steigende Müdigkeit des Imaginierenden überwunden wurde. Die exakte Gliederung der rituellen Einschnitte, die nach dem vierten,

---

23 Die psychotherapeutische Frage, wann dieser Bewusstwerdungsprozess in den Handlungsprozess der Imagination einzugreifen hat, und wann nicht, braucht uns hier nicht zu beschäftigen.

sechsten, achten, zehnten und zwölften Bild erfolgte, ebenso wie die entsprechende Steigerung der subjektiven Müdigkeit war dem Imaginierenden völlig unbewusst. Das Gleiche gilt für die Verwendung der Ritualinstrumente, die der Imaginierende am Beginn seiner Vision »vorfand«, und die jeweils in der entsprechenden sich steigernden Ordnung verwendet wurden, für die sie wie von Anfang an bestimmt scheinen.

An diesem Beispiel wird deutlich, wie die Schwäche des Ich-Bewusstsein-Systems, die sich hier in der Müdigkeit ausdrückt, von dem aus dem Unbewussten stammenden Geist-Ordnungscharakter des Rituals überwunden wird. Für die ursprüngliche Wirksamkeit des rituellen Tuns sind die Symbole mana-geladene Geistkörper, sie sind nicht nur Erleuchtungsstellen, sondern auch Energiespender, deren Hilfe im Ritual verwendet wird, weil durch sie der Mensch neue psychische Ladung erhält. Die Geistseite des Unbewussten ermöglicht durch das Ritual der Persönlichkeit, eine höhere Spannungsladung auszuhalten, als es ihr ohne das Ritual möglich wäre, sodass sie einer archetypischen Offenbarung gewachsen wird, die sie sonst nicht aushalten könnte.

Wir sehen hier das seltsame und paradoxe Phänomen, dass etwas in der Psyche, in dem Territorium, welches das Ich als Unbewusstes bezeichnet, die Ichfestigkeit und das Bewusstsein überhaupt erst »hervorbringt«. Der Doppelcharakter des Rituals, das gleichzeitig einen Durchbruch der archetypischen Welt in das Bewusstsein wie eine Festigung des Bewusstseins gegen diese Welt bedingt, kommt im Individuationsprozess zu seiner Erfüllung. Denn nur, wenn sowohl eine fortlaufende Selbstmanifestation der archetypischen Welt wie eine fortschreitende Veränderung und Erweiterung des Bewusstseins beim Einzelnen erfolgt, können wir von einem Individuationsprozess sprechen.

Ich möchte die neue Situation des Individuationsrituals an einem weiteren Beispiel verdeutlichen. Es handelt sich um einen Traum oder um eine beim Erwachen mit diesem Traum verbundene Vision, der Träumer konnte nicht genau fest stellen, wie das eine in das andere überging. Mir scheint die Analyse dieses Stückes deswegen wichtig, weil in ihm die komplizierte Verbindung des echten Ritualgeschehens mit der Bewusstseinssituation des modernen Menschen deutlich wird. Der Traum lautet folgendermaßen:

> »Ich wandere in einer alpinen Gegend und komme an einen Berg, den ich zu besteigen wünsche. Der Weg hinauf läuft in ganz regelmäßiger Spirale um den Berg und ist ganz schmal, sodass man kaum ausweichen kann. Er ist vollkommen baum- und schattenlos. Ich steige und steige und er nimmt

kein Ende, immer er scheint eine neue Kurve des Weges. Schließlich komme ich aber doch auf dem Gipfel an und sehe mich um. Ich bemerke, dass ich die Brust einer liegenden Frau bestiegen habe, einer Riesin, die hingestreckt daliegt, und deren Körper die Landschaft ausmacht. Ich nehme meinen Fotografen-Apparat heraus, um eine Aufnahme dieser bemerkenswerten Szenerie zu machen, denn ich will den Beweis für diese meine Entdeckung besitzen, um mir ihre ´Priorität` zu sichern. Aber merkwürdigerweise ist kein Film darin, trotzdem ich bestimmt weiß, einen eingelegt zu haben. Der Gedanke kommt mir, dass ich unter diesen Umständen die Aufnahme mit meiner eigenen Retina machen muss. Ich reiße also die Augen weit auf, aber in diesem Augenblick verdunkelt sich die bis dahin helle Gegend, es ist plötzlich Nacht und die Sterne sind sichtbar. Ich tappe dort oben im Dunkeln herum und kann plötzlich den Weg nicht mehr finden. Merkwürdigerweise beunruhigt mich das nicht weiter, ich denke, es ist ganz passabel hier oben und fühle, dass der Boden Körperwärme hat, was ich vorher nicht bemerkt hatte, und was vielleicht auch nicht vorhanden war.«

Wir wollen nun die einzelnen Phasen des Geschehens verfolgen, das ganz im Sinne des Ursprungsrituals gebaut ist, aber gleichzeitig die individuelle Situation des »modernen« Träumers voll einbezieht.

Den ersten Abschnitt bildet die Besteigung des Berges. Hier scheint alles noch von dem willkürlichen Entschluss des den Berg Besteigenden abzuhängen. Drei Details verraten uns aber bereits, dass dieser Entschluss nur vom Ich des Gehenden her gesehen willkürlich scheint, dass aber in Wirklichkeit eine archetypische Situation den Gehenden konstelliert. Das eine ist die »Unausweichlichkeit« des Weges, das Zweite die im Gegensatz zu einem normalen Bergweg rituelle Form des Weges, dessen Spirale sich immer mehr dem Gipfelpunkt des Berges nähert und so eine echte Umkreisung darstellt. Das Dritte ist die auch hier nötige »höchste Anstrengung« auf dem »endlosen« Wege. In Übereinstimmung mit dem von uns dargestellten Gesetz erfolgt am Ende des Weges, am »bursting point«, das Durchbrechen des Archetyps, die Vision des Großen Weiblichen als Erde und des Berges als ihre Brust.

Aber das Charakteristische dieser Situation ist nun, wie das moderne Ich sich dieser Vision gegenüber verhält. Ihm geschieht anscheinend gar nichts. In der sachlich-wissenschaftlichen Art des Europäers – und trotz aller Inadäquatheit der Situation gegenüber hat diese Ichfestigkeit, wie wir sehen werden, ihre Meriten – zieht der Träumer seinen Photo-Apparat, die Kamera seines Tagesbewusstseins, heraus, um frei von jeder Emotion diese »bemerkenswerte Szenerie« festzuhalten und dem Album seines Gedächtnisses einzuverleiben.

In dem »Prioritäts-Problem« drückt sich in fast grotesker Weise der »kapitalistische« Ich-Aspekt aus, der für das patriarchale Bewusstsein charakteristisch ist. Es ist die »Rückseite« der überaus positiven Bedeutsamkeit des Ich für die Entwicklung der Individualität innerhalb der Menschheit. Die Zuordnung zum Ich und zum Bewusstsein ist ja die notwendige Grundlage der individuellen Entwicklung, und so eine der wesentlichen psychologischen Grundlagen des Privateigentums. Die gefährliche Überspitzung der Ichhaftigkeit beim modernen Menschen, der in seiner Ich-Isoliertheit die Verbindung zu dem der Menschheit Gemeinschaftlichen fast verloren hat, zeigt sich hier darin, dass das Ich in einer ans Lächerliche grenzenden Weise sich die »Priorität« für die Entdeckung eines Bildes sichern will, welches als Archetyp zum gemeinsamen Besitz der Menschheit gehört. Aber auch in dieser Übertreibung des Ichprinzips ist etwas Positives wirksam, nämlich die Betroffenheit des Ich, das in seinem Erleben realisiert, auf etwas Entscheidendes gestoßen zu sein, das, wenn auch nicht für die Menschheit, so doch für dieses Individuum etwas »Erstmaliges« wirklich bedeutet.

Mit dem Plan des Träumers, seine Vision zu photographieren, kommt es zur zweiten Phase des Geschehens. Überraschender und paradoxerweise lässt sich diese Absicht des Bewusstseins nicht durchführen. Der Apparat ist für das aufzunehmende Bild nicht empfangsfähig. Dieses Versagen des Apparates haben wir als eine weitere Wirkung des sich konstellierenden Unbewussten anzusehen, das nun mithilfe der Intuition dem Traum-Ich einen neuen Vorschlag macht, nämlich den, die Aufnahme mit der »eigenen Retina« zu machen. Dieser zunächst so harmlos scheinende Einfall stellt die Peripetie des ganzen Geschehens dar. Er besagt nämlich nicht nur, dass die Außenapparatur, alles Technisch-Wissenschaftliche des Bewusstseins-Aspektes, in dieser Situation unbrauchbar ist, sondern auch, dass der Träumer überhaupt keine Aufnahmeapparatur zu *benutzen*, sondern sie selber zu *sein* habe. Die »eigene Retina« bedeutet mehr als das »eigene Auge«, der Hinweis auf sie besagt, dass das Bild mit dem *inneren* Auge empfangen werden muss.

Nun folgt der kleine und unscheinbare, aber bedeutungsvolle Satz: »Ich reiße also die Augen weit auf.« Den Ausdruck »die Augen aufreißen« wenden wir nicht nur an, wenn wir etwas deutlich sehen wollen, sondern besonders dann, wenn wir etwas sehen, das eine starke Emotion in uns auslöst, wie Staunen,

Schreck und Grauen. Das seltsame ist hier nun, dass im Traum zuerst die Augen aufgerissen werden und dann die zweite Vision einsetzt. Aber gerade das ist das Entscheidende. Als der Träumer die Blende des inneren Auges aufreißt und sich damit, von einer noch objektlosen Emotion ergriffen, empfangsbereit öffnet – erst in diesem Augen blick, in dem nachträglich die echte innere Ritualfähigkeit hergestellt ist –, erfolgt der eigentliche und zentrale Einbruch, die Vision der Großen Mutter als der Herrin des Nächtlichen.

Mitten am Tage, auf hohem Berge, offenbart sich die Vision der sternetragenden Nacht, deren Name in Ägypten lautet: »Die mit den 1000 Seelen« oder »die, welche ihre Seelen erscheinen lässt«.[24] Im Gegensatz zum antiken Menschen, der am Anfang der abendländischen Entwicklung im Isismysterium in der Tiefe der Erde, um Mitternacht, das Licht der aufgehenden Sonne, des Zentralsymbols der bewusstseinshellen patriarchalen Welt erlebt, erscheint dem modernen Menschen auf dem Berge am helllichten Tage, zur Mittagszeit, die Vision der sternetragenden Nacht, der matriarchal-seelischen Welt des Unbewussten, deren archetypische Stern-Konstellationen als himmlische Geist-Figuren sich dem inneren Auge erschließen.

Erst jetzt hat sich der Archetyp des Großen Weiblichen in seiner ganzen Großartigkeit offenbart, weit hinaus über das Bild der »Mutter Erde«, dessen Konventionalität den modernen Menschen nicht mehr zu ergreifen vermocht hatte. In dieser neuen Vision aber erfährt das Ich im Umschlagen der Aspekte auch seine eigene Orientierungslosigkeit, es »tappt im Dunkeln herum« und kann »plötzlich den Weg nicht mehr finden«.

Aber gerade in dieser neuen und an sich unheimlichen Situation tritt ein Phänomen auf, welches das ganze Geschehen zu seinem Abschluss bringt. Was bisher noch überwältigende Vision und Intuition war, wird mit einem mal Gefühl und Empfindung. Die Beunruhigung fällt ab, und etwas Neues, bisher Unbemerktes oder vielleicht auch nicht Dagewesenes steigt auf: Körperwärme des Bodens, Wärme der Erdmutter.

Vor ungezählten Jahrmillionen hatte das Erdleben von der Wärme des Erdinneren gelebt, mit dem Erkalten der Erde musste das Leben sich nach unvorstellbaren Katastrophen auf die Erwärmung durch die Sonne umstellen. Hier geschieht die Rückkehr. Die Tageswelt der Sonnenhitze und der Ritualweg des Bewusstseins in seiner baum- und schattenlosen Erbarmungslosigkeit werden von einer nächtlichen Geborgenheit abgelöst, in welcher der Mensch, beruhigt

---

24 H. Kees, Der Götterglaube im Alten Ägypten, 1941, S. 226.

durch die innere Wärme der Erde, trotz der Orientierungslosigkeit des Bewusstseins, von unten her, von innen her und von oben her neue Bindungen und neue Orientierungen erfährt.

Wenn wir den Verlauf des Geschehens überblicken, wird deutlich, dass alle seine Phasen wie von einem unbewussten Plan dirigiert sind, in den sogar die widerstrebende Natur des Bewusstseins und seiner Ichfestigkeit mit einbezogen ist. Der Beginn des Ritualweges ist durch die Natur des Spiralweges um den Berg gegeben, in den das Ich eintritt, ohne zu ahnen, was es damit tut; aber es folgt in seinem Tun gehorsam der unbewussten Intention des Weges. Dem gleichen Phänomen waren wir beim Ursprungsritual der Primitiven in den Berghöhlen begegnet. Die Festigkeit des Bewusstseins, das in seiner Unemotionalität das Durchbrechen der Vision zunächst mit seiner wissenschaftlichen und antirituellen Haltung illusorisch zu machen schien, erweist sich nachträglich nicht nur als berechtigt, sondern sogar als fruchtbar. Es bremst den Prozess nicht nur nicht, sondern führt gerade durch die Einschaltung seiner Widerstände dazu, dass die unbewusste Konstellation sich auflädt, die innere Spannung stärker wird. Dadurch wird die Vision überwältigender, die Erfahrung tiefer und die Offenbarung der archetypischen Welt echter als bei einem schwachen Ich, das in gemütvoll schneller Ergriffenheit seine Bewusstseins-Position beim ersten Anstoß aufgegeben hätte.

Gerade die gefährliche Stärke des Bewusstseins beim modernen Menschen wird im Individuationsprozess, in dem sie sich mit den Tiefenschichten des Unbewussten auseinander zu setzen hat, zu einer neuen Kraft und kommt hier zu einer neuen Legitimität. Indem der Bewusstseinsvektor des Rituals, d. h. die Geist-Richtung des Unbewussten, vom Bewusstsein auf und angenommen wird, führt die Entwicklung des Individualrituals nicht nur zu einer immer neuen Selbstoffenbarung der archetypischen Welt, sondern auch zu einer fortlaufenden Entwicklung des Bewusstseins.

Das Individualritual des Individuationsprozesses besteht aber keineswegs nur darin, dass im Verlauf dieses Prozesses eine Fülle von Einzelritualen auftreten; mag es sich dabei um Einweihungs-, Anrufungs-, Beschwörungs-, Schutz- und Abwehrrituale handeln, um Todes- und Wiedergeburts-, Erneuerungs- und Wandlungsgeschehen, um Mysterien, um Feste oder um die Errichtung von Sakralbauten, um das Wiederauftreten uralter oder um die Neu-Geburt noch niemals aufgetauchter ritueller Verhaltensweisen. Gerade die archetypische Grundlage des Rituals macht es verständlich, dass jedes Auftauchen eines

Archetyps auch mit einem Ritual gekoppelt sein kann, ob es sich dabei um den Mysterienweg und das Labyrinth, den Drachenkampf, den Hieros Gamos, die Gottesgeburt, die Wandlung oder irgendein anderes archetypisches Geschehen handeln mag.

Tiefer aber führt uns die Erkenntnis, dass der Individuationsprozess als *solcher* einen Charakter hat, den man als rituell bezeichnen kann und vielleicht sogar bezeichnen muss. Das beginnt schon mit der Behandlung der Träume. Der Umgang mit ihnen, das Aufschreiben, die Betrachtung, die Interpretation, die Rückkehr zu ihnen, auch nachdem sie ihre aktuelle Bedeutung zu der Situation verloren haben, geht weit über die rationale Aufgabe einer wissenschaftlichen Interpretation hinaus. Das ist nicht falsch zu verstehen. Die wissenschaftliche Interpretation ist nötig und bildet einen wesentlichen Teil unseres Umganges mit den Träumen. Aber wie schon das Ritualwort »Umgang« verrät, ist das, was die Träume uns bedeuten, mehr, als dass sie Objekt unserer wissenschaftlichen Bearbeitung sind. Die Traumwelt bleibt stets numinos und jede Interpretation ein unvollständiger Versuch. Die Erweiterung des Bewusstseins durch das Verständnis des Traum-Inhalts ist nur ein Teil der Aufgabe, welche der Traum immer wieder von uns fordert. Schon die emotionale Komponente der Träume, ihr Umstimmungscharakter, mehr noch der Anspruch, den die Traumwelt an unser Realisierungsvermögen stellt, – all dies ist irrational in dem Sinne, dass ein Numinoses sich hier mitteilt. Auch wenn wir an die prospektive Weisheit des Unbewussten in den Träumen denken, wird verständlich, warum wir von einem rituellen Umgang mit der Traumwelt sprechen, welche die Sprache des Numinosen ist. Immer gilt deswegen vom Traum der Rilkesche Satz: »Er sieht dich an, du musst dein Leben ändern.«

Die rituelle Situation des Individuationsprozesses wird noch deutlicher, wenn wir an die Institution des psychischen Augurentums denken; ich meine damit nicht etwa nur die Orakelbefragung des I-Ging,[25] sondern die Beziehung zu den psychischen Instanzen. Die vielen Gespräche mit der Anima, den Animusfiguren, der alten Frau, dem alten Mann usw., sie alle entsprechen, wenn man näher hinsieht, individuellen Ritualen und Befragungen von Numina. So wie wir wissen, dass in Indien und ebenso bei den Kabbalisten »innere« Führergestalten die einweihende Gestalt äußerer Führer ersetzt haben, finden wir auch im Individuationsprozess, dass innere Figuren die Leitung des psychischen

---

25 Das Buch der Wandlungen, Aus dem Chinesischen verdeutscht und erläutert von R. Wilhelm, 1924.

Geschehens übernehmen. Ob diese Gestalten bestimmt oder unbestimmt, ob sie gestaltlose Stimme sind oder die konkrete Gestalt z. B. des »Freundes« annehmen, immer ist die Beziehung des Ich zu ihnen rituell. Dabei mag sogar der Charakter des Rituals als feierliche Handlung verschwinden, auch dann wird immer noch das Wesentliche übrig bleiben, nämlich die *rituelle* Haltung gegenüber dem Geschehen und seiner Epiphanie.

Damit kommen wir zu der, wie mir scheint, letzten und höchsten Verschränkung, zu der die Entwicklung des Rituals im Individualritual des Einzelnen gelangt. Schon in den von uns kurz skizzierten Formen des Individuationsgeschehens, die wir noch als rituell bezeichnen möchten, ist die paradoxe Doppelheit einer Persönlichkeitssituation deutlich, in der keine Willkür herrscht, wie in der Beliebigkeit des Bewusstseins, aber auch kein Zwang, wie in der Ursprungssituation des sich autonom durchsetzenden Rituals. Freiheit und Notwendigkeit verbinden sich im Individualritual zu einer schöpferischen Einheit, in der die Persönlichkeit gleichzeitig Subjekt und Objekt des Geschehens ist.

So kehrt auf der individualrituellen Stufe das wieder, was wir als für die Ursprungsstufe gültig erkannt hatten, dass nämlich die Ritualfähigkeit des Individuums mit der Erfahrung seiner eigenen Transpersonalität zusammenhängt. Indem der Individuationsprozess, die eigene psychische Entwicklung, als ein Einweihungs- und Wandlungsgeschehen durchsichtig wird, erfährt sich der Mensch selber als rituell, sein Leben als Ritualgeschehen.

Der Satz des Alten Testaments: »Ihr sollt mir sein ein Volk von Priestern und ein heiliges Volk« hatte im Judentum dazu geführt, dass jeder einzelne Jude in seiner individuellen Unvertretbarkeit priesterliche Vollmacht hatte, und dass das Leben jedes Einzelnen durch das Gesetz rituell geformt wurde. Das, was in dieser Kollektivsituation außen hergestellt worden war, tritt jetzt als Individualsituation innen auf. Jeder Einzelne erweist sich im Individuationsgeschehen als ritualfähig, d. h. aber als Priester – ganz unabhängig davon, wie individuell, weltlich und revolutionär die archetypische Welt sein mag, die in ihm zur Erscheinung gelangt. Die schöpferische Welt des Numinosen offenbart sich im Innen-Raum des Psychischen, und das Ich des Einzelnen, dem dieses Numinose erscheint, ist sein sakraler Exekutor. Damit aber verliert das Leben des Einzelnen seinen nur individuellen Charakter und wird zu einem symbolischen Leben. Nicht nur die Individuation, sondern das ganze Leben erweist sich als ein Ritual. Ritus heißt ja gehen, und im Zentrum des Individuationsprozesses steht die Erfahrung, dass die Riten und der die Riten vollziehende, der

Gehende und der Weg ein und dasselbe sind, oder dass, um es paradox zu formulieren, der Gehende der Weg ist, der sich selber geht.

Die Mythische Welt und der Einzelne

I

Auf den ersten Blick scheint der Gegensatz zwischen der »mythischen Welt« und dem »Einzelnen« dem uns bekannteren Gegensatz zwischen dem Unbewussten und dem Ich zu entsprechen. Die Welt des Unbewussten ist ja wesentlich die Welt der Archetypen, die Archetypen sind aber gerade auch »mythologische Motive«, d. h. ihre Projektion konstelliert die mythische Welt. Ebenso scheint das Ich, das in der Mitte unseres Bewusstseins steht, das Wesen des Einzelnen und seine Individualität auszumachen.

In Wahrheit ist aber die psychische Situation komplizierter und problemreicher. Die mythische Welt ist nicht einfach Welt des Unbewussten, sondern steht zur Welt des Bewusstseins in vielfältigen positiven und negativen Beziehungen, und umgekehrt reicht der Einzelne, auch wenn er als Ich in der Mitte des Bewusstseins zentriert ist, als Individualität tief hinein in die mythische Welt.

Das eine können wir jedoch zunächst mit Gewissheit aussagen: Die mythische Welt stammt nicht aus dem Einzelnen, sondern geht ihm voraus, ebenso wie das Unbewusste dem Ich und dem Bewusstsein vorausgeht, die ihm entstammen. Aber die zum Wesen der abendländischen Kultur gehörende Entwicklung, deren letzte psychologische Phase wir Individuation nennen, ist – ebenso wie die Entwicklung des Ich aus dem Unbewussten – charakterisiert durch die unablässige Anstrengung, sich aus der Umklammerung der mythischen Welt zu befreien, sie ist der unaufhörliche Versuch der menschlichen Persönlichkeit, zur Eigengeburt und zur Selbstwerdung zu gelangen.

Diese Bemühung des Einzelnen ist aber, und das steht im Mittelpunkt unseres Versuches, nicht nur notwendig, sondern auch paradox. Der Heldenweg des Einzelnen ist überschattet von dem tragischen Konflikt, der tief in der psychischen Grundstruktur des Menschen wurzelt, dass die Bindung und Verbindung mit der mythischen Welt nicht aufhebbar ist. Die Auseinandersetzung des Einzelnen mit der mythischen Welt bewegt sich immer hart an der Grenze des Unterganges und des Selbstverlustes. Gibt der Einzelne als Ich und als Bewusstsein der Faszination der mythischen Welt nach, so wird er von ihr zurückgeschluckt und regressiv auf gelöst, wagt er aber umgekehrt, in vermessener Hybris sich auf sich als auf das Ich zu stellen und die Verbindung mit der mythischen Welt zu lösen, so verliert er sich an die Nur-Bewusstseins-Welt und erstarrt. Deswegen ist das menschliche Leben beherrscht vom Pendelschlag des dialektischen Gegensatzes, der vom Leiden in und an der mythischen Welt zum Leiden in und an der Ich-Kultur des menschlichen Bewusstseins führt. In diesem Sinne sind in der Geschichte der Menschheit wie in der des Einzelnen alle Entwicklungsphasen Leidensphasen, und die Phasen des Heldenweges, den der Einzelne zu gehen hat, um er selber zu werden, und den die Menschheit zu gehen hat, um human zu werden, sind Leidensstationen unablässiger Verwandlung und Selbstgefährdung.

Diese tragische Konstellation entspricht zwar der Grundsituation des menschlichen Daseins, dessen Unerlöstheit und existenzielle Gefährdung auf der Spannung zwischen der mythischen Welt und dem Einzelnen beruht, aber sie ist zugleich das Potenzial der schöpferischen Bewegung der Menschheit und die energetische Grundlage jeder Entwicklung und jeder Wandlung. Deswegen wäre es grundfalsch, die menschliche Existenz nur und hauptsächlich negativ zu sehen, und die Situation des Ich als Verlorenheit und Ausgesetztheit zu charakterisieren. Denn zwischen dem Einzelnen und der mythischen Welt, den Gegensatzkonflikt heraufbeschwörend und ihn immer wieder erneuernd, durch kein menschliches Leiden und kein Opfer abgeschreckt, aber auch von keiner Dunkelheit und von keinem Tod überwältigt, wirkt von Anfang an im menschlichen Dasein ein Drittes. Sein Weg durchzieht wie ein goldener Faden das tragische Gewirke und in allen Phasen des Konfliktes und in allen Siegen und Untergängen wird seine zentrale Position und Bedeutung deutlicher. Dieses Dritte ist das Selbst, dessen Erscheinung in der Menschheitsgeschichte immer neue Formen annimmt, das die menschliche Persönlichkeit immer neue Dimensionen hinzuerwerben lässt, und dessen Sichtbarwerdung schließlich den Gegensatz zwischen der mythischen Welt und dem Einzelnen überspielt.

Wenn wir die beiden Teile unserer Arbeit andeutungsweise überschreiben könnten: »Die mythische Welt und die Persönlichkeit« und »Die Wandlung der Persönlichkeit und die Überwindung der mythischen Welt«, so entsprächen diese beiden Teile dem Entwicklungsgang des Ich und des Individuums. Aber unsere Bemühung zielt nicht nur darauf, den Konflikt der Gegensatzpositionen zu verfolgen und die tragische Paradoxie des Ich in dieser Situation herauszuarbeiten, sondern wir wollen versuchen, gerade auch die Wirkung des Dritten sichtbar zu machen, das wie ein unsichtbares Kraftfeld die Aktionen von Ich-Bewusstsein und mythischer Welt beherrscht.

Wir geraten damit tief in das komplizierte und paradoxe Gebiet der Psychologie des Ich. Es ist mir – wie ich aber glaube, aus guten Gründen – nicht geglückt, diese Problematik systematisch und gewissermaßen von oben herab darzustellen.

Da es gilt, die unauflösbare Vermischung des Entgegengesetzten aufzuzeigen, so bleibt nichts anderes übrig, als jeden, der diese Konstellation wirklich erfassen will, auf dem Schlangenweg mitzunehmen und ihn das Auf und Ab, die Wiederkehr der Windungen und unablässigen Aufhebungen mitmachen zu lassen, in welche jeden Menschen dieses Thema verstrickt. Aber vielleicht ist es nicht nur das Thema, und es wäre zu sagen, dass mir an diesem Thema nur die eigene Verstrickung erneut sichtbar wurde, eine Verstrickung grundsätzlicher Natur allerdings, die unendliche Verstrickung nämlich, in der sich das Ich mit dem Selbst, das Bewusstsein mit dem Unbewussten und der Einzelne mit der mythischen Welt vorfindet.

Bei der Bearbeitung eines solchen Problems die Mitte zu finden zwischen emotional betontem und symbolischem Ausdruck und zwischen begrifflich vereinfachender Systematisierung ist eine kaum zu bewältigende Aufgabe. Damit sind wir aber bereits tief in unser Thema hineingeraten, denn der für das Bewusstsein schwer verständliche emotional betonte symbolische Ausdruck ist die Form, in der sich die mythische Welt dem Bewusstsein vorzugsweise darstellt; die begriffliche, systematisierende und trennende, damit aber notwendigerweise auch verarmende Formulierung ist dagegen die des Bewusstseins-Ich, als das sich der moderne Einzelne vorzugsweise erfährt.

Wenn wir von unserer modernen Situation ausgehen, sind wir zunächst berechtigt, die mythische Welt als die Welt der Archetypen dem Unbewussten zuzuordnen, Ich und Bewusstsein aber als Gegenposition aufzufassen. Sobald wir aber den genetischen Aspekt, d. h. den der Ich-Entwicklung verfolgen, und wir müssen das, wenn wir die Situation der Menschheit und die des Einzelnen verstehen wollen, dann werden wir dazu genötigt, einen Vor-Ich-Zustand der Psyche anzunehmen mit einem Ich-Keim, der die Vorstufe dessen ist, was wir später als entwickeltes Ich kennen. Hier erweist sich ein Grundbegriff der Analytischen Psychologie als hilfreich, nämlich der vom Ich-Komplex.[1]

Wir sind keineswegs berechtigt anzunehmen, dass der Ich-Komplex, den wir normalerweise als Zentrum des Bewusstseins erfahren, seiner Natur nach diesen Platz einnimmt. Das Umgekehrte ist der Fall. Erst im Laufe einer langen menschheitsgeschichtlichen und ontogenetischen Entwicklung wird der Ich-

---

1 C. G. Jung, Allgemeines zur Komplextheorie in: Überpsychische Energetik und das Wesen der Träume, 1948.

Komplex bewusstseinszentral. Mit der Entwicklung unserer Persönlichkeit, z. B. mit der Trennung von Bewusstem und Unbewusstem und mit der Bildung der Persönlichkeitsinstanzen, wie der Persona, des Schattens, des Animus, der Anima usw., kommt es zum Aufbau der Psyche als einer Hierarchie, an deren Spitze das Bewusstseinssystem steht, und in dessen Zentrum sich der Ich-Komplex befindet. Diese Hierarchie ist entwicklungsgeschichtlich entstanden, und ihre Struktur ist keineswegs sehr fest. Schon im Traum, d. h. mit dem Aussetzen unserer Tagespersönlichkeit, ist diese Hierarchie gelockert bis aufgehoben. Wir finden hier den Ich-Komplex als Traum-Ich, das sich als ein Komplex in der Innenwelt der Psyche bewegt und nicht mehr als bewusstseinszentral angesprochen werden kann. Aber auch in der menschlichen Tageswelt, im kranken und im normalen, im primitiven wie im kulturellen Leben nimmt der Ich-Komplex keineswegs immer seine Position im Bewusstseins-Zentrum ein. Bei jedem Interesse, bei jeder Faszination und vor allem bei einem Affekt entstehen Partizipationen zwischen dem Ich und dem »geladenen« Objekt seiner Bezogenheit, deren energetische Wirkung dahin führt, dass der Ich-Komplex von seiner Bewusstseins-Zentralität abgezogen wird. Derartige Veränderungen des Ich und des Bewusstseins durch die Einwirkung unbewusster Inhalte sind aus den Darstellungen der Tiefenpsychologie so bekannt, dass es sich erübrigt, dafür Beispiele anzuführen.

Diese Labilität der Position des Ich-Komplexes ist umso stärker, je mehr wir uns der Frühgeschichte des Menschen nähern. An ihrem Beginn steht die für unser Bewusstsein nur approximativ erfahrbare psychische Phase, die wir als »Ursprungssituation« bezeichnen. In ihr ist der Einzelne noch nicht von der Gruppe, das Bewusstsein noch nicht deutlich vom Unbewussten und das Ich noch nicht vom Nicht-Ich abgetrennt; die Trennung der psychischen Systeme ist nur angedeutet, und die relative Einheit des Bewusstseins ebenso wie die Bewusstseins-Zentralität des Ich-Komplexes sind noch relativ schwach entwickelt.

Ich habe diese Ursprungssituation an anderer Stelle als Uroborosphase dargestellt,[2] als Phase der in sich einheitlichen Ur- und Vorwelt, für die das Bild der Kreisschlange, des Uroboros, steht. Ihr ist, wie dort ausgeführt wurde, die Schöpfungsmythologie der Menschheit zuzuordnen, und die Entfaltung der Mächte und Götter in den Kosmogonien und Theogonien ist das Abbild dieser vor menschlichen Phase der Psyche. Das in der Schöpfungsmythologie Handelnde ist das Außer- und Übermenschliche, ob dies nun in anonymer Selbst-

---

2 Verf. : Ursprungsgeschichte, op. cit.

entfaltung einfach »entsteht«, oder als Gestalt annehmendes Numen, als Ur-gottheit und später als Vielheit der Gottheiten das mythische Schöpfungsge-schehen in Bewegung setzt. Diese Schöpfung von Welten, die vor der Welt, in der der Mensch auftritt, entstanden und vergangen sind, ist das Abbild einer psychischen Situation, in der die überpersönlichen und außerpersönlichen psy-chischen Mächte, die Archetypen, ihr Schöpfungsspiel beginnen, jenseits aller menschlich ichhaften und bewussten Existenz und vor ihr.

Noch heute erfährt ja das Ich-Bewusstsein die archetypische Welt als das sie überlegen Bedingende, als eine autonome Welt, deren Aktivität und Bewegung das menschliche Dasein beherrscht. Darum werden die Konstellationen des Objektiv-Psychischen, die als Instinkte und Triebe, als Zwänge und Überwälti-gungen im Guten wie im Bösen die Menschheit dirigieren, projiziert als mythi-sche Konstellationen von Göttern oder als Sternkonstellationen des himmli-schen Ortes, an dem Stern, Gott und Macht ein und dasselbe bedeuten.

Wir sprechen von einer »mythologischen Apperzeption« des Frühmenschen und ebenso des Kindes –, weil auf dieser Stufe der Mythos die symbolische Form ist, in der Wahrnehmung der Welt und Wahrnehmung der Psyche noch in eins fallen. Cassirer formuliert das folgendermaßen:[3] »Die mythische Auffas-sung und Deutung tritt nicht nachträglich zu bestimmten Elementen des empi-rischen Daseins hinzu; sondern die primäre ‚Erfahrung‘ selbst ist durch und durch von der Gestalt des Mythos durchdrungen und gleichsam mit seiner Atmosphäre gesättigt. Der Mensch lebt mit den *Dingen* nur, weil und sofern er in diesen *Gestalten* lebt; er erschließt die Wirklichkeit sich selbst und sich der Wirklichkeit nur dadurch, dass er die Welt wie sich selbst in dieses bildsame Medium eingehen und dass er beides in ihm sich nicht nur berühren, sondern sich miteinander durchdringen lässt.« Diese Formulierung müsste man – von der Psychologie her gesehen – nur etwas weniger aktiv fassen. Der Mensch »lässt« nicht sich berühren, noch weniger »sich durchdringen«, sondern all dies geschieht ihm, besonders deswegen, weil in dieser Phase noch kein von dem Berührenden und Durchdringenden abgelöster »er« vorhanden ist.

Das Subjekt der Erfahrung ist in diesem Stadium nämlich nicht etwa der Einzelne, das Individuum, sondern die psychische Gruppe, ein Kollektiv-Psy-chisches, in dem die Noch-Nicht-Einzelnen mehr oder weniger integriert sind.

Diese Situation des Enthaltenseins ist charakterisiert durch ein Überwiegen aller kollektivpsychischen Faktoren über das Ich, heißen sie nun Gruppe oder

---

3   E. Cassirer, Sprache und Mythus, 1925.

Archetyp, Kollektivvorstellung oder Trieb. Das ist natürlich nur in dem Sinne zu verstehen, dass Ich und Bewusstsein in dem Maße unselbständiger, unindividueller und unkontinuierlicher werden, in dem wir in die menschliche Vorgeschichte geraten. Immer aber macht der Ich-Kern auch schon Eigenerfahrung, auch wo sie unbewusste und von der Ursprungssituation geprägte Erfahrung ist. Je schwächer das Ich und je geringer damit der Umkreis des systematisierten Bewusstseins ist, desto stärker wird das Leben in der mythischen Welt vom Ich als Verlorensein und als Ausgeliefertsein erfahren.

Das Leben in der Phase des Enthaltenseins des Ich im Unbewussten ist dadurch charakterisiert, dass die noch unabgeschlossene menschliche Persönlichkeit dauernd von frei flottierenden psychischen Energien überschwemmt wird. Die psychischen Instanzen sind noch nicht ausgebildet und die Bewusstseins-Funktionen noch nicht genügend differenziert, um die Inhalte und Energien des Unbewussten zu assimilieren. Deswegen lebt der Frühmensch in einer manageladenen Mächtewelt, in einem »mythischen Kraftfeld«,[4] auf dessen Überlegenheit das Ich vorwiegend mit Angst und immer wieder mit Angst reagiert.

In diese Dämmersituation des Frühmenschen, in der überall die Überwältigung durch das Unbewusste droht, bringen Magie und Ritual erste und folgenschwere Orientierungen. Cassirer hat an umfangreichem Material die Entwicklung der Kultur und des Bewusstseins aus der symbolischen Form dargestellt. Die gleichen Erscheinungen, die dort philosophisch am objektiven Phänomen des Geistes verfolgt werden, beschäftigen uns psychologisch, d. h. in ihrer Bezogenheit auf die Entwicklung des Individuums und der Gruppe. Die verzweifelte und leicht in die Verzweiflung führende Dunkelheit der mythischen Welt ist der Hintergrund, vor dem die ebenso verzweifelte Anstrengung des primitiven Ichs steht, sich aus der Umklammerung dieser Hintergründe zu lösen und zum Licht zu kommen. Die Notwendigkeit und tiefe Humanität dieses Versuches versteht jeder, der erfahren hat, wie unsere Zeit, die Zeit der Aufklärung und des Rationalismus, der Wissenschaft und der Ich-Hypertrophie, noch fast ebenso von der mythischen Welt überschattet ist, wie die Vorzeit des Urmenschen. Deswegen ist innerhalb der Menschheitsgeschichte jeder Versuch berechtigt, der die Verantwortlichkeit des Ich und des Bewusstseins stärkt und dem Menschen so hilft, nicht unterzugehen. Gerade weil die Brandung der mythischen Welt so stark ist, wird das Ich des Menschen, das den Versuch macht,

---

4   E. Cassirer, Philosophie der symbolischen Formen, op. cit.

das kleine Schiff des Bewusstseins durch diese Brandung zu steuern, von jeher als kostbarstes Gut betrachtet.

Die paradoxe Situation der Auseinandersetzung des Einzelnen mit der mythischen Welt beginnt schon in einer Phase, in der das Ich noch kaum vorhanden, der Einzelne noch Teil seiner Gruppe und das Bewusstsein noch nicht systematisiert ist. Ebenso wie auch am Ende der Bewusstseinsentwicklung die Macht der mythischen Welt immer noch wirksam bleibt, finden wir umgekehrt, dass schon am Anfang inmitten der totalen Überlegenheit der mythischen Welt über den Ich-Keim eine transpersonale Macht vorhanden ist, die den Ich-Keim schützt und zu seiner Entwicklung drängt.

Wenn wir die Entstehung der Persönlichkeit in der Menschheitsgeschichte und in der Ontogenese verfolgen, so können wir nicht umhin, immer wieder auf das Vorhandensein eines dritten Faktors aufmerksam zu werden, dessen Wirksamkeit sich jenseits der Welt des Einzelnen und jenseits der mythischen Welt durchsetzt.

Wir sind allzu sehr geneigt, diesen Faktor nicht wahrhaben zu wollen, seine Wirksamkeit aus einer pseudowissenschaftlichen Voreingenommenheit heraus zu verschweigen und ihn in das Privatgebiet des Glaubens, der Religion usw. abzuschieben. Jede Erfahrung eines psychischen Entwicklungsprozesses, einer Heilung wie einer Individuation, einer Normalentwicklung wie eines schöpferischen Prozesses lässt sich aber ohne diesen dritten Faktor nicht erklären. Wir können keine wirkliche Interpretation des psychischen Geschehens vornehmen, ohne ihn zu berücksichtigen. Das heißt praktisch, dass wir in jeder Interpretation eines Traumes oder eines psychischen Entwicklungsgeschehens, nicht nur die Beziehungen zwischen dem Ich und dem Unbewussten, nicht nur die mythologisch-psychologische Phase der Ich-Entwicklung berücksichtigen müssen, sondern auch die unbewusste oder bewusste, direkte oder indirekte Wirkung des Selbst. Es genügt also z. B. nicht, eine Drachenkampf-Situation als Auseinandersetzung des Ich mit dem Unbewussten zu verstehen, es genügt aber auch nicht zu wissen, dass dieser Drachenkampf als Entwicklungsphase eines erstarkenden Ich notwendig ist, sondern erst das Verständnis der Intention des Selbst macht eine Entscheidung darüber möglich, ob der Drache besiegt werden muss, oder ob die für das Ich so gefährliche Situation eingetreten ist, die mit den Worten »Widerstehe nicht dem Übel« gekennzeichnet wurde. Nicht nur die Religions- und Ketzergeschichte, auch die Geschichte des Einzelnen ist durchwoben von der Paradoxie derartiger Krisensituationen, deren Entscheidung, von der das Heil abhängt, dem Einzelnen durch keine Autorität abgenommen werden kann.

Wir haben die Ganzheitstendenz der Psyche, die in der Individuation zur bewussten Kenntnisnahme des Ich gelangt, als Zentroversion[5] bezeichnet, weil wir es hier mit einem Faktor zu haben, dessen Wirkung unter anderem dahin geht, aus dem Unzentrierten ein Zentriertes, aus der Vielheit eine Einheit zu machen, und aus der Summe der in der Psyche nebeneinander wirkenden Faktoren eine einheitliche Gestalt herzustellen. Diese Tendenz, die in der Psyche und weiter hinab schon in der Biopsyche wirkt, führt in der Menschheitsentwicklung zur Bildung des Ich, zu seiner Stärkung, seiner Entwicklung und zu seiner Position in der Mitte des Bewusstseins. Das heißt aber, die Zentroversion wirkt schon in der unbewussten, nicht im bewussten Ich zentrierten Persönlichkeit des Menschen, ihr Stützpunkt ist die psychophysische Ganzheit der Persönlichkeit, die im Menschen unabhängig von Ich und Bewusstsein ihre Einflüsse entfaltet und der Ichbildung vorangeht.

In der primären Dunkelheit der mythischen Welt und in der Ausgeliefertheit des Menschen in ihr ist diese Bezogenheit auf das Unbekannte, durch welches das Ich zur Bewusstwerdung und der Gruppen-Mensch zur Formung einer Individualität geradezu gezwungen wird, die einzige Rettung, sie ist das in der Tiefe des mythischen Dunkels leuchtende Licht der Gottheit.

Dass die Übermacht dieser Wirkung auf das Ich so groß ist, und die Zentroversion von der menschlichen Psyche als so zwingend und lebenswichtig erfahren wird, zeigt sich darin, dass sich die Prozesse, die mit der von der Zentroversion dirigierten Bewusstwerdung zusammenhängen, vorzugsweise im Mythos spiegeln. Der Mythos lässt sich deswegen als eine Phänomenologie der menschlichen Bewusstseinsentwicklung begreifen. Die Bewusstseins-Entstehung, seine Entwicklung und seine Auseinandersetzung mit dem Unbewussten gehören zu den einprägsamsten Erfahrungen der menschlichen Psyche, deswegen sind sie archetypische Figur geworden und erscheinen in der Projektion des Mythos.

Wir sehen also die Zentroversion als einen Instinkt zur Ich- und Bewusstseins-Bildung und zur Individualisierung an, d. h. als einen Geist-Instinkt, der als unbewusste Form- und Gestaltungstendenz innerhalb der Persönlichkeit auftritt. Andere Tendenzen und Instinkte, Komplexe und Archetypen können in den Dienst der Zentroversion treten, können und müssen aber auch umgekehrt mit ihr in Konflikt geraten.

---

5 Verf.: Ursprungsgeschichte, op. cit.

Zu derartigen schon im Unbewussten wirksamen psychischen Konflikten gehört z. B. der zwischen der Kollektivtendenz der Spezies und der Zentroversion. Die Kollektivtendenz der Spezies opfert das Individuum für das Kollektiv, indem sie den Einzelnen zu Reaktionen drängt, die, unter völliger Vernachlässigung der Qualität dieses Einzelnen, für das Kollektiv gültig und günstig sind. Im Gegensatz dazu drängt die Zentroversion zur Bildung und Entwicklung des Einzelnen und seiner Qualität und begünstigt deswegen das Bewusstsein und die Erhaltung und Entwicklung des Individuums.

Wir müssen hier erneut auf die von uns schon betonte Ich-Problematik eingehen. Der Konflikt zwischen Ich und Unbewusstem, Individualität und Kollektivwelt beginnt, wie wir sagten, schon in einer Zeit, in der die mythische Kollektivwelt noch dominant ist, die menschliche Persönlichkeit aber noch nicht zu ihrem Ich-Bewusstsein, geschweige denn zu ihrem Selbst-Bewusstsein gekommen ist. Dieses Phänomen der unbewussten Ich-Problematik, wie wir es abkürzend formulieren können, spielt nicht nur in den normalen und kranken Entwicklungen des modernen Menschen, sondern gerade auch in der Frühphase der Ich und Bewusstseins-Entstehung eine entscheidende Rolle.

Die energetische Situation des Ich lässt sich andeutungsweise folgendermaßen formulieren. Der Ich-Komplex besitzt zunächst nur eine relativ geringe energetische Ladung, das ist die Grundlage für die Angst und Verlorenheit des Ich ebenso wie für seine Erfahrung von der Überlegenheit des Nicht-Ich. Die Ich-Entwicklung führt allmählich zu einer fortschreitenden stärkeren energetischen Ladung des Ich-Komplexes, die sich sowohl in der größeren Festigkeit des Ich, wie in seiner Fähigkeit zur Bewusstseins-Erweiterung äußert. Die stärkere energetische Ladung des Ich zeigt sich dabei in einer steigenden Zahl von Valenzen, mit denen es neue Inhalte binden kann. Das heißt mit der stärkeren Ladung des Ich steigt seine Fähigkeit, Inhalte im Bewusstsein zu halten, und der mögliche Umfang des Bewusstseins steigt mit der stärkeren Aufladung des Ich. Dabei ist die energetische Ladung des Ich unter anderem an seiner Eigenbetonung, Festigkeit, seinem Willen, seiner Konzentrationsfähigkeit und seiner Tendenz, sich als Zentrum zu sehen und zu setzen, ablesbar. Mit der steigenden Bahnung der Beziehung des bewusstseinszentralen Ich zu seinen Inhalten und mit der so fortschreitenden Systematisierung des Bewusstseins werden nicht nur immer wieder neue Libidomengen für das Ich frei und anwendungsfähig, sondern es kommt auch umgekehrt zu einer Rückwirkung des Bewusstseins-Feldes auf den Ich-Komplex. Die Netzladung des Bewusstseinsfeldes hält den

Ich-Kern nun mehr und mehr im Bewusstseins-Feld fest und stützt so die Ich-Festigkeit. Das Ich bindet nicht nur die Inhalte an sich als Bewusstseins-Mitte, sondern das Bewusstsein selbst hält allmählich dieses Ich in seinem eigenen System gefangen, sodass wir zuletzt beim modernen Menschen mit einem Bewusstsein zu tun haben, das ein relativ abgeschlossenes Teilsystem der Psyche mit einem vorwiegend bewusstseinszentralen Ich bildet.

Das heißt, die Richtung der Ich-Entwicklung führt zu einer wenigstens relativen Autonomie des Ich, die es der Persönlichkeit ermöglicht, von den Wirkungen der Außen- und der Innenwelt nicht umgeworfen zu werden, sondern ihnen gegen über seinen eigenen Ichstandpunkt zu wahren, und die es gestattet, mit Hilfe der dem Ich zur Verfügung stehenden Libido, die sich z. B. als Willenskonzentration und als Interesse äußert, die »fremden«, d. h. bisher dem Bewusstsein unbekannten Inhalte zu assimilieren.

Schon am Beginn dieser Entwicklung finden wir aber wieder den paradoxen Zusammenhang des Ich mit dem Selbst, der sich in der Weise äußert, dass der Ich-Komplex gerade die Direktiven der Zentroversion anzunehmen, d. h. aber, dem Selbst zu folgen hat. Die Entwicklung des Ich aus der Umklammerung der überlegenen mythischen Welt ist nur möglich, wenn es sich dem Ruf des Selbst unterordnet und ihm folgt. Im Laufe der Ich-Entwicklung kommt es dann zwar zu einer verstärkten Auseinandersetzung zwischen Ich und Selbst, bei der das Ich in immer höherem Maße seine – angebliche – Eigenständigkeit zu vertreten hat, oder in der wenigstens diese Perspektive für das Ich in den Vordergrund tritt. Aber auf allen Stufen ist die Eigenwerdung der menschlichen Persönlichkeit als Ich und als Einzelner gerade immer auch auf die Bezogenheit zum Selbst, ja an den Gehorsam ihm gegenüber gebunden.

Die schöpferischen Prozesse in der menschlichen Frühzeit, die zur Bildung des Ich als einem Sich-Unterscheidenden und zu seiner Durchsetzung gegen die Übermacht der Kollektivmächte führen, fußen immer auf Offenbarungen, d. h. auf Evidenzerfahrungen, in denen sich das Selbst dem Ich kundgibt, sich ihm aber gleichzeitig »auferlegt«. Ob es sich dabei um eine religiöse Erfahrung, die Kundgebung eines Gebotes oder Ritus, um den Zwang zu einem schöpferisch-künstlerischen Werk oder zu einer Tat handelt, bleibt sich gleich. In jedem Falle kommt es zu einer Entwicklung, in der sich die Persönlichkeit zu ihrer Eigentlichkeit erhebt, d. h. ein Einzelner wird im Unterschiedensein von den anderen.

Die Eigenständigkeit des Ich, seine Festigkeit und Unabhängigkeitstendenz spielt in der Entwicklung des Bewusstseins, in der Bewusstseins-Systematisierung und -Erweiterung immer wieder die entscheidende Rolle. Deswegen tendiert die Entwicklung der Persönlichkeit und das diese Entwicklung zunächst repräsentierende Teilsystem, das Bewusstsein, geradezu darauf hin, die transpersonale archetypische große Erfahrung zu vermeiden und sie durch die gebrochene, differenzierte und nicht mehr emotional geladene Erfahrung des Bewusstseins zu ersetzen.[6]

Wenn wir behauptet haben, das frühe Ich apperzipiere mythologisch, so besagt das, dass in der Frühphase des Menschen die große, d. h. archetypische Erfahrung die typische Form des Erlebens ist. Wir finden das gleiche ontogenetisch bei der mythologischen Apperzeption des Kindes. Auch hier führt die Situation eines kleinen Ich und eines noch geringen Bewusstseins dazu, dass sich das dominierende Unbewusste in seiner archetypisch-mythologischen Form manifestiert. Deswegen sind Kindheitserfahrungen prägend, deswegen sind sie aber auch niemals personalistisch, sondern nur als transpersonales Geschehen zu verstehen.

Dass aber die archetypische Erfahrung »große Erfahrung« ist, besagt, dass sie überwältigend ist und das Ich immer aufs neue gefährdet. Sowohl die emotionale Ladung dieser deswegen erschütternden und ergreifenden archetypischen Bilder, wie ihre die Möglichkeit der Bewusstseins-Verarbeitung weit überschreitende Fülle an Sinn und an Bedeutung, überwältigen das schwache Ich. Das Ich fühlt sich dem Strom von Emotionen, Ahnungen, Empfindungen, Gefühlen und halbbewussten Gedanken, die der Archetyp heraufbeschwört und ins Bewusstsein einbrechen lässt, nicht gewachsen und versagt.

Wir dürfen auch in einer Menschheitsphase der Abgeschirmtheit des Ichbewusstseins vom Wurzelgrund, wie es die unsere ist, in der die Wiederentdeckung der archetypischen Welt und der Wiederanschluss an sie das Gebot der Stunde ist, niemals die wahre Natur der mythischen Welt vergessen. Sie ist nicht nur die Quellwelt des Wunders und der Offenbarung, des Schöpferischen und der Heilung, sondern ebenso auch die Welt der Regression, der Ich-Betäubung und der Bewusstseins-Auflösung, d. h. sie ist auch die tödliche Drachenwelt der Gefahr. Die Uroborosschlange des Anfangs ist eben nicht nur die Heilschlange der Wandlung und Erneuerung, sondern auch die des verschlingenden Unterweltdrachens und der furchtbaren Mutter.

---

6 Verf.: Ursprungsgeschichte, op. cit.

Und damit stehen wir wiederum inmitten der Paradoxie des menschlichen Ich. Die Entwicklung tendiert zur Ich-Stärkung und zur Abhebung des Einzelnen von der mythischen Welt mit Hilfe der Steigerung des Bewusstseins, aber eine derartige Entwicklung erfordert andererseits wieder eine Stützung durch das Selbst, das ich-überlegen und bewusstseins-transzendent ist. Schließlich aber ist jeder Bewusstseins-Fortschritt davon abhängig, dass sich dem Ich in schöpferischen Prozessen, deren Ausgangspunkt im Unbewussten liegt, neue Inhalte und Konzeptionen mitteilen und ihm erfahr- und verarbeitbar werden. Das heißt, auch wo der schöpferische Prozess eine Intention zur Bewusstseins-Erweiterung hat, kann er sich innerhalb der menschlichen Psyche nur in der Weise durchsetzen, dass er die jeweilige Ich- und Bewusstseins-Position erschüttert. Diese Gefährdung des Ich ist die typische Situation des Drachenkampfes. Der Drachenkampf ist aber nicht nur das Recht des »Großen Einzelnen«, der ihn vorbildlich führt und der Menschheit neue Kulturgüter vermittelt, sondern er ist auch die Aufgabe der ihm nachfolgenden Individuen. Während in den Einweihungsriten der Primitiven diese Konstellation von jedem gelebt werden muss, wird sie später das Vorzugsrecht derjenigen Menschen, die sich nicht damit begnügen, ein nur kollektives und gegen das Innen gesichertes Oberflächendasein zu leben. Sie bezahlen das aber mit dauernder Gefährdung, denn sie geraten notwendigerweise in die von uns geschilderte Paradoxie der Ich-Selbst-Beziehung in ihrem schwer zu durchschauenden Widerspruch.

Diese grundsätzliche Paradoxie lässt sich bereits früh in der menschlichen Ich-Entwicklung nachweisen, nämlich schon bei den Einweihungsriten der Primitiven. Einerseits sind diese Prüfungen mit ihrer Tendenz zur Schmerz, Angst, Hunger und Müdigkeitsüberwindung typische Aufgaben, die auf die Forderung der Ichfestigkeit zielen, die vom Novizen verlangt wird, damit er ein vollwertiger Mensch werde. An diese Ichfestigkeit ist dann die Offenbarung des Selbst – als Totem, Tjuringa usw. – gebunden, die der bestandenen Prüfung folgt. Ebenso finden wir in der späteren Phase des Drachenkampfes, dass erst der Sieg des Helden-Ich, d. h. seine Fähigkeit, als Ich mit dem mythischen Nicht-Ich des Drachens fertig zu werden, der Prüfstein seines Heldentums ist und ihn als Sohn des göttlichen Vaters, d. h. des Selbst, erweist. Das Gleiche wiederholt sich beim Individuationsprozess des modernen Menschen, in dessen Verlauf nur die Festigkeit des Ich das Auftreten der transzendenten Funktion[7] ermöglicht, in der sich das Selbst manifestiert.

---

7   C. G. Jung, Psychologische Typen, op. cit.

Aber, und darin eben besteht die Paradoxie der Situation, alle diese Aussagen sind auch umkehrbar. Es lässt sich mit dem gleichen Recht behaupten, der Untergang des Ich stehe als Erfahrung des Todes im Zentrum der Einweihungsriten, nur die Gott-Sohnschaft des Helden ermögliche ihm im Drachenkampf den Sieg über den unendlich überlegenen Drachen, und im Individuationsprozess könne keine willentliche Ich-Aktivität den Prozess in Bewegung setzen und vollenden, sondern er gelinge nur deo concedente, mit der Zustimmung Gottes.

Beide Aussagen sind richtig, sowohl die Aktivität des Menschen ist das Entscheidende, wie das »Wunder« des göttlichen Eingreifens. Diese Doppelseitigkeit und im tiefsten Sinne auch Zweideutigkeit der Situation beruht eben auf der Zusammengehörigkeit des Ich mit dem Selbst und auf ihrer dialektischen Beziehung zueinander. Jede Persönlichkeitsentwicklung und -veränderung wird dirigiert von der ichtranszendenten Wirkung des Selbst, sie setzt aber zugleich eine höchste Anstrengung des Ich voraus, die dann paradox zum »Tod« führt, als dem Tod einer überlebten Ich- und Bewusstseins-Konstellation. Es wird darum verständlich, dass dies in gewissem Sinne eine Art Selbstmord oder besser Ichmord bedeutet. Eine derartige Selbstmordtendenz taucht denn auch in einer solchen Situation des Überganges sehr häufig als zwingende Vorstellung auf, wobei alles dar auf ankommt, ihre symbolische Bedeutung zu verstehen.

Aber was wird von diesem menschlichen Ich auch alles verlangt, das sich gleichzeitig halten und aufgeben soll, das die Todessituation voll erleben und sie dann wieder als symbolisch verstehen muss. Und doch beruht die geheimnisvolle und zutiefst menschliche Bedeutung derartiger Konstellationen darauf, dass die Persönlichkeit nur und gerade in einer solchen katastrophalen Situation sich nicht nur als Ich, sondern eben auch als Selbst erfährt. Die Persönlichkeit wird gewissermaßen gezwungen, sich als Ich und als Ich-Willen zu suspendieren und sich dem Willen des Selbst als seinem eigenen Selbst-Willen anheim zu geben. Immer wie der, nicht erst in der späten Phase des Individuationsprozesses, sondern auch schon in der Phase der Ich-Bildung und der des Drachenkampfes kommt es zu Lebenssituationen, in denen der Persönlichkeit, die ihre Ichfestigkeit verteidigen will, das Steuer vom Selbst aus der Hand genommen wird. Obgleich die Ichfestigkeit und Stärke des Bewusstseins das Ziel der Zentroversion ist, das zu erreichen die Menschheit unendliche Leiden gekostet hat und kosten wird, verlangt dieses gleiche Selbst immer wieder das Opfer, die Aufgabe der Ichposition.

Die Notwendigkeit einer derartigen Grundkonstellation ist unschwer einsehbar. Jede Ichposition und jedes Bewusstsein ist relativ, und eine schöpferische Entwicklung ist nur dann möglich, wenn das bestehende Ich-Bewusstsein ganz oder teilweise geopfert wird. In Wirklichkeit ist das Ziel der Zerstörung des jeweiligen Ich und Bewusstseins der Neuaufbau einer weiteren und zentrierteren Persönlichkeit. Aber diese Seins-Tendenz der Zentroversion mit ihrer dem jeweiligen Bewusstsein überlegenen Perspektive und mit ihrer dem Ich-Willen überlegenen Direktive, bleibt für das Ich unheimlich. Deswegen stürzt eine solche Ich-Selbst-Konstellation das Ich und den Einzelnen immer wieder in Einsamkeit und in Not. Aber gerade die Überwindung auch dieser verzweifelten Not und Angstsituation ist die Aufgabe des Helden-Ich, das seine Gottsohnschaft zu erweisen hat.[8] Denn ebenso wie das Ich mit seinem Sieg seine Zugehörigkeit zum Selbst als Gottsohnschaft erweist, manifestiert sich das Selbst durch diesen Sieg des Ich neu in der menschlichen Welt. Die Angst und Einsamkeitssituation des Helden gleicht immer wieder der mythischen Situation, in der die Nichtbeantwortung des Sphinxrätsels mit dem Sturz in den Abgrund des Unbewussten bezahlt wird.

Dieser Ich-Konflikt ist seiner Natur nach tragisch. Wie kann der Mensch entscheiden, ob es sich bei einem solchen Geschehen um eine Ich- oder Selbstwerdung handelt, d. h. um einen Prozess, der im Sinne der Menschheitsentwicklung einen höchsten Wert darstellt, oder aber ob eine Besessenheit droht, d. h. die Überwältigung des Ich durch einen überlegenen Machtfaktor des Unbewussten, einen Archetyp, der auch regressiv wirken und die mythische Gefahr des Drachens darstellen kann. Das, was dem Ich als Forderung oder Auftrag des Selbst entgegentritt, kommt ja, der menschlichen Natur entsprechend, immer über das Medium des archetypisch Psychischen an das Ich, d. h. aber, es nimmt notwendigerweise mythische Form an. Wir, deren Bewusstsein nicht im Stande ist, dies Überlegene und Bewusstsein-Übersteigende anders als im Symbol zu fassen, erfahren eben auch das Selbst in »mythologischer Apperzeption«, d. h. als Numen. Das bedeutet aber, dass das, worauf sich das Ich stützen sollte, um sich aus der mythischen Welt zu befreien, selber als ein Numen, als Teil dieser mythischen Welt, erscheint.

---

8 Verf.: Ursprungsgeschichte, op. cit.

Anders ausgedrückt heißt das, es spiegelt sich im Mythischen etwas ab, dessen Sinn und dessen Tendenz es gerade ist, dass das Menschliche sich aus der mythischen Welt löst. Der Held steht also in der Situation, sich für das eine Numen gegen das andere entscheiden zu müssen. Er hat eine numinose Welt zu stürzen, kann dies aber nur, indem er sich dem ihm offenbarenden Numen anvertraut. Deswegen spielen in der mythischen Welt die Kämpfe der Götter eine so wichtige Rolle, und deswegen steht zunächst immer eine mythische Welt gegen eine andere. Das Selbst ist eben nicht nur mit dem Ich als dem Bewusstseins-Zentrum des Einzelnen verbunden, sondern auch mit der mythischen Welt, der archetypischen Welt des Unbewussten, durch die es wirkt, und in deren Gestalt es sich verkleidet.

Dieser Kampf des Numen mit dem Numen, der sich im Einzelnen entscheidet, macht jede Heldentat und jeden Bewusstseins-Fortschritt auch zum Frevel, der vom Helden mit Opfer und Leiden bezahlt werden muss. Dass der Held nicht nur die Hoffnung und die Zukunft der Menschheit ist, sondern auch ihre Gefahr, konstelliert den Zweifel und die Verzweiflung des Helden in der Entscheidungssituation. Ob das Numen, das ihn ruft und seine Tat fordert, ein verderblicher oder ein heilbringender Gott ist, lässt sich nicht vorher entscheiden, und er hat in seinem Kampf nicht nur eine mythische Welt zu zerstören, sondern immer auch zugleich sich selber, als das alte Ich, das der zu zerstörenden Welt angehört, d. h. es ist immer auch ein Kampf gegen das Eigene und Liebste. Die große Ungewissheit und der große Frevel des Ich-Helden ist es, dass in seinem Kampf für die Zukunft der Menschheit immer das Risiko mitenthalten ist, dass er höchste bekannte Werte für Unbekanntes zerstört.

Die Wirkungsweise der Zentroversion, der dirigierenden Funktion des Selbst in der Psyche, ist von der Wirkung eines beliebigen Archetyps zunächst überhaupt nicht und endgültig nur am Endresultat der Prozesse zu unterscheiden, in die das Ich mit den Hintergrundsmächten der mythischen Welt verstrickt wird. Daher die qualvolle Ungewissheit der Situation für ein Bewusstsein, das nicht einfach bereit ist, sich dem Evidenzgefühl anzuvertrauen, das die Erfahrung jedes Archetyps begleitet.

Denn wenn wir auch von unserer späten Erkenntnis aussagen, die Zentroversion drängt zur Entwicklung des Ich und des Bewusstseins und zur Zentrierung der Persönlichkeit, so ist dieses Kriterium nicht nur für ein frühes Ich unfassbar, sondern es ist auch nur insoweit wahr, wie es das *letzte* Ziel und Ergebnis der Zentroversion betrifft. Aber in dem Prozess selber und in dem Zustand

der Ergriffenheit des Ich vom Selbst ist von diesem Endziel oft wenig zu spü-
ren, und die Situation bleibt für das Ich, so weit es bewusst bleibt und nicht
ganz vom Archetyp überwältigt ist, zweideutig. So fällt anscheinend immer wieder die Entscheidung in die Hand des Ich zurück, das seine Rolle bei den
mythischen Verwicklungen zu spielen hat, deren Schauplatz die Psyche des
Menschen ist, die große Bühne, auf der die Spiele der Götter gespielt werden.

So erfassen wir die Maskentänze der Primitiven ebenso wie das tragische
Masken-Theater der Antike als Selbstdarstellung unserer tiefsten Wahrheit, dass
wir mit und gegen unseren Willen das große Spiel der Hintergrundsgestalten
mitzuspielen gezwungen sind, welche die Mächte sind. Diese Bühne ist solange
nur ein Marionetten-Theater, wie die Hintergrundsmächte allein wirksam sind
und der Mensch noch nicht als Mitspieler in die Weltgeschichte eingetreten ist.
Denn untergehend oder siegend, leidend oder triumphierend, zerbrochen oder
gewandelt, bleibt die Mitte dieser göttlichen Tragödien und Komödien, der, um
den es geht, an dem sich das Spiel entzündet und in den es mündet, der Mensch
als Einzelner. Er bezeichnet den rätselhaften Ort, in dem sich die mythische
Welt des Numinosen mit sich selber konfrontiert.

Dies geschieht aber heute nicht mehr in der Art des ursprünglichen Auf-
einanderprallens der Mächte, sondern in der seltsamen Situation, in welcher
mythische Welt und Einzelner, Ich und Selbst in der Psyche zusammenstoßen.
Denn das ist das Bedeutsame, dass die Manifestation des Selbst, die Entwicklung des Menschheitsbewusstseins und die Entwicklung der Individualität
in gleicher Richtung zu verlaufen scheinen. Die mythische Welt lebt in uns als
Tiefe des Unbewussten und als Welt der Archetypen. Aber auch das Ich, das in
dialektischem Gegensatz zu dieser mythischen Welt steht und sich mit ihr, in
ihr, besonders aber auch gegen sie entwickelt, hat gewissermaßen selber einen
mythischen Kern.

Wir finden uns eines Tages als Ich vor, aber unsere Ich-Existenz reicht weiter hinab und höher hinauf. Eine psychologische Bearbeitung der Entstehung
und Entwicklung des Ich muss zugestehen, dass das Selbst als ein archetypisches Ich das personale Ich aus dem Unbewussten herausführt und zu seiner
Entwicklung bringt. Diese Grundkonstellation der Ich-Selbst-Beziehung wird
im Verlauf der Persönlichkeitsentwicklung durchsichtiger und bewusstseins-
fähiger, aber sie bleibt bestimmend.

Die Menschwerdung des Einzelnen und der Gemeinschaft von Einzelnen in
ihrer Auseinandersetzung mit der mythischen Welt ist das, was wir Kultur nen-

nen. In diesem Sinne beruht der Aufbau der menschlichen Kultur ebenso wie die Entwicklung des Bewusstseins auf Entmythisierungsprozessen. Unsere bewusste Welt und alle Kultur-Bezirke, die mit ihr in Zusammenhang stehen, sind in Prozessen entstanden, in denen die mythische Bildwelt am Anfang, die objektivierte und abstrahierte Begriffswelt am Ende steht. Es ist unnötig, bei dieser Entwicklung länger zu verweilen, denn es ist bekannt, dass und wie unsere Bewusstseins-Situation im Kampf mit dem Unbewussten, der prälogischen Wirklichkeit der mythologischen Welt, der emotionalen Faszination und der Herrschaft der Instinkt und Triebwelt entstanden ist.

Wenn wir die Selbstbefreiung des Ich von der Vorherrschaft der mythischen Welt oder wenigstens den Versuch dieser Selbstbefreiung betrachten, so soll keineswegs wiederholt werden, was an anderer Stelle ausführlich dargestellt wurde.

Aber es wird sich nicht ganz vermeiden lassen, auf das dort Ausgeführte zurückzugreifen. In der Geschichte des Bewusstseins lässt sich die Phasenentwicklung des Ich aus der mythischen Vorwelt des Unbewussten verfolgen, und der Große Einzelne ist in ihr der Prototyp, der Held, der vorbildliche Träger der Auseinandersetzung des Einzelnen mit der mythischen Welt. Diese Entwicklung des menschlichen Bewusstseins und des Ich, in der jeder Einzelne dem schöpferischen »Großen Einzelnen« nachfolgt, ist überall in der menschlichen Kulturentwicklung nachweisbar. Der Weg von der mythischen zur bewussten Wirklichkeit wird in der Religion ebenso wie in der Ethik, in der Wissenschaft ebenso wie im sozialen Leben der Menschheit gegangen. Überall ist es wenigstens die Richtung des Weges, aus dem Kollektiven und Unbewussten zum Individuum und zum Bewusstsein zu gelangen.

Von der Kollektivreligion führt der Weg zur Religion der Innerlichkeit, von der Gruppenverantwortung zu der des Einzelnen; die mythische Einheitswelt der psychischen Projektionen wird zur vom Bewusstsein konstellierten Objektivität der Dingwelt außen und der psychischen Welt innen, und das Identischsein in der participation mystique führt zur Bezogenheit bewusster Individualitäten. Der Einsatz des Großen Einzelnen zielt immer auf das Individuum, auch da, wo er sich z. B. als sozialer Revolutionär auf die Seite des Kollektivs stellt, denn auch dann meint er die Befreiung des Individuums aus der Kollektivsituation der Masse und die Stärkung des lebendigen Einzel-Ich.

Die Entwicklung, d. h. die Erneuerung der menschlichen Kultur ist immer darauf angewiesen, dass einer aufsteht und die Inhalte, die das Beste der jeweiligen Kultur sind, als mythisch-festhaltende und unbewusst machende Mächte entdeckt und vernichtet. Jedes Bild und Symbol, jeder Ritus und jeder heilige Brauch ist unablösbar verbunden mit dem archetypischen Hintergrund der Psyche, aber diese mythische Welt ist nur dann nicht die Gefahr der alten, ins Unbewusste lockenden Schlange, wenn in einem schöpferischen Augenblick der Einzelne den bewusstseinsträchtigen Lichtkern aus dem Untergrund der mythischen Welt herauslöst und in die Menschenwelt des Bewusstseins bringt.

Deswegen muss die menschliche Kultur immer wieder Neu-Interpretation sein, und die Tat des Helden-Ich ist immer auch der Versuch, der mythischen Welt in einer neuen Deutung einen neuen menschlichen Gehalt abzugewinnen, welcher der gegenwärtigen Zeit und ihrer Zukunft entspricht. Dieses Neue aber gilt es eben so zu erkennen wie zu formen. Hier ist das Wort Thomas Manns zuständig von der »Gottessorge« der Menschen: »Die ,Gottessorge' ist nicht allein die Sorge um das ,Hervordenken', die Bestimmung und Erkenntnis Gottes, sondern namentlich die um seinen Willen, mit dem der unsere übereinstimmen muss; um das, was die Glocke geschlagen hat, die Forderung des Aions, der Weltstunde. Die ,Gottessorge' ist die Besorgnis, das, was einmal das Rechte war, aber es nicht mehr ist, noch immer für das Rechte zu halten und ihm in anachronistischer Weise nachzuleben; sie ist das fromme Feingefühl für das Verworfene, Veraltete, innerlich Überschrittene, das unmöglich, skandalös, oder, in der Sprache Israels, ein ,Greuel' geworden ist«.[9]

Diese Gottessorge ist aber die Sorge des Ich, in dem sich gewissermaßen die Gottheit um sich selber sorgt, die Sorge des Menschen, der im Auftrag steht, sich als Einzelner zu verwirklichen, und der dies nur kann, wenn er gleichzeitig dem »Dritten« in ihm den Raum gibt, zu seiner neuen Offenbarung zu kommen. Deswegen ist die Tat des Großen Einzelnen das echte und geforderte Tun, denn sein Kampf gegen die mythische Welt bedeutet gleichzeitig die Erlösung der mythischen Welt, die in ihm und durch ihn zu menschlicher Wirklichkeit wird.

Wenn in einer psychischen Situation dem Ich-Bewusstsein eine Überschwemmung durch unbewusste Inhalte droht, lassen sich diese Inhalte von einem starken Ich verdrängen oder unterdrücken, und es mag dann aussehen, als ob dieser Weg der echte Heldenweg sei. Fraglos war er das zu bestimmten Zeiten, und er wird es in einem gewissen Umfang für den Primitivmenschen in uns bleiben, mit all den katastrophalen Folgen, welche dieser Weg der alten

---

9 Thomas Mann, Neue Studien, 1948, S. 183 f.

Ethik einschließt.[10] Aber dieser Weg ist nicht der eigentliche Weg unserer Zeit, kein Weg, der mit dem Sinn des Geschehens verbunden ist, sondern nur ein Tun, durch welches die Gefahr zu vermeiden gesucht wird. Wenn aber in einem Erlebens- und Wandlungsprozess die überschwemmende Gefahr in ihrer Eigentlichkeit zugelassen wird, wenn das Ich sich ihr anheimgibt und in den Drachenbauch der Unterweltsgefahr eingeht, dann und nur dann geschieht das andere, die Erneuerung des Ich und des Bewusstseins und die Apokatastasis, in der die gefährlichen Kräfte des Todes sich in lebenssteigernde und bewusstseinserweiternde wandeln. Das aber war, vom Ende, vom Selbst, von der menschlichen Ganzheitsperspektive her gesehen, der eigentliche Sinn des Konflikts und seine immanente Tendenz. Deswegen ist der wirkliche Held nicht ein Totschläger und Unterdrücker, sondern ein Verwandler und Erlöser.

Schon die mythenschaffenden Prozesse der unbewussten Psyche zeigen diese Tendenz; immer wird in ihnen Dunkles zu Licht, Stummes und anonym Numinoses zu Bild und Gestalt, und diese Richtung vom Chaos zur Ordnung offenbart die immanente Sinntendenz der menschlichen Psyche. Erst im Menschen und seinem Prototyp, dem Helden und Großen Einzelnen, bekommt dieser Prozess Bewusstsein und Stimme. In der mythenfeindlichen Bewusstseinstat des Helden kommt der Sinn des Mythos zu seiner Repräsentanz, und erst in dem vom Großen Einzelnen, dem Helden, geprägten Weltbild des Menschen werden die im Mythos erkennbaren Sinn- und Verständnistendenzen des Unbewussten, die man als unbewusste Weltkonzeption des Mythos bezeichnen könnte, deutlich und bewusst.

So leben der Einzelne und die mythische Welt in einer unauflöslichen gegenseitigen Angewiesenheit. Wenn der Einzelne schöpferisch ist, ist die Verbindung mit dieser Welt in ihm lebendig; aber als Einzelner, als Ich, als Bewusstsein, d. h. als Mensch hat seine Bemühung dahin zu gehen, dem Unindividuellen und Unwirklich-Vormenschlichen des Archetyps die einmalige und menschlich zeitgemäße Gestalt zu geben, die ihm aufgetragen ist. Diese Situation ist durch die psychologische Grundtatsache bedingt, dass von den beiden Teilen der Psyche, Bewusstsein und Unbewusstem, die Welt des Unbewussten immer als mythische Welt Teil der menschlichen Persönlichkeit ist und bleibt. Wenn der Mensch nur seinen »oberen« Teil, das Ich und das Bewusstsein, als menschlich, seinen »unteren« mythischen Teil aber als feindlichen Drachen erfährt, führt das zu einer Selbstinterpretation, in der sich der Mensch als »gefallen« und

---

10 Vgl. Verf.: Tiefenpsychologie und neue Ethik, 1949.

mit einer Erbsünde behaftet glaubt. Der Mensch deutet dann sich, und mit sich oft auch den Geschichtsprozess, als Gesunkensein eines oberen geistigen Lichtteils in eine untere Gegenwelt, die im Bilde des Drachens als fremd, und, wie z. B. in der Gnosis, als unmenschliche und geistfeindliche Welt der Materie aufgefasst wird. Diese Selbstdeutung des Menschen, der seine eigene Drachenwelt ableugnen will, ist aber unzulänglich und verbirgt nur den wahren Konflikt.

Die mythische Welt ist unsere Ahnenwelt, sie ist die Welt der Vorzeit in uns, die uns seit Jahrmillionen geformt hat und formt. Von der Verbundenheit mit dieser Welt lebt ebenso die heilende Weisheit des natürlichen Lichtes wie die gefährliche Kraft des Affenmenschen in uns. Denn wir sind all dies zusammen: der Drache; der Teufel, des Chaos wunderlicher Sohn; Chiron der Kentaur, der weise Halbmensch; aber auch der göttlich-menschliche Held, der den Drachen besiegt.

Die Geschichte des heldischen Drachenkampfes der Menschheit, in dem die Kultur entsteht, bleibt ein Mythos und mündet im Mythos. Der unendliche Umfang der aus dem Unbewussten aufsteigenden mythischen Welt bedingt das ewige Leiden des Einzelnen und des Helden in ihm. Wir meinen hier ein tiefstes Leiden des Menschen überhaupt, die Rückenwunde des Siegfried, in die immer wieder ein tödlicher Hagen den Speer einstößt, der dem Helden den Untergang und der Welt die regressive Rückauflösung alles Humanen zu bringen droht. Die Unheimlichkeit dieser Situation liegt darin, dass der Held und Einzelne als Prototyp des mit der mythischen Welt kämpfenden Ich und Bewusstseins dies nur kann kraft des numinosen Kerns in ihm selbst. So ist der Held selber insgeheim eine mythische Figur, wie es in der tiefen und paradoxen Wahrheit der mythischen Aussage heißt, der Held und Schlangentöter habe selber die Augen der Schlange. Der Held als Großer Einzelner und Lichtträger bringt der Menschheit Kultur und Bewusstsein, aber zugleich ist er die alte mythische Gefahr selber, wenn er als Führerfigur, als Archetyp, zum Drachen der mythischen Welt wird, welcher die Menschheit verschluckt. Denn immer wieder wird das Neue, das der Held dem menschlichen Dasein hinzuerobert, zum Kulturkanon der nächsten Generationen. Das Neue bildet dann die herrschenden Werte und Orientierungen der Kultur, hinter ihnen aber stehen immer wieder und immer noch, unabhängig von der Neu-Interpretation, Neu-Aktualisierung und menschlichen Kulturassimilierung, die alten Archetypen.

So lebt in Wirklichkeit jede Kultur in einem mythischen Raum, der archetypisch bestimmt ist durch den Kulturkanon, der in Religion, Ethos und Kunst, in den Ideen des sozialen Lebens und der zwischenmenschlichen Beziehungen, in Brauch und Sitte, Fest und Gewohnheit das Leben des Einzelnen dirigiert. Obgleich die Kultur aufgebaut ist auf den Taten und Eroberungen der Großen Einzelnen, kommt es immer nur zu einem Aspektwandel der Archetypen, niemals zu ihrer Auflösung. Die revolutionäre und bilderstürmende Tat mündet in einer neuen Bild und Symbolwelt, in der die alte Macht der Archetypen lebendig ist. Überall, wo es menschliche Kultur gibt, ist sie umstellt und überwölbt von der archetypischen, d. h. aber von der mythischen Welt. Diese Grundsituation ist rettend und erlösend überall da, wo ein aktives Helden-Ich das Lebenswasser aus der Tiefe der mythischen Welt nach oben hebt und mit ihm die verdorrte Welt tränkt, aber sie wird zur Gefahr in dem Augenblick, wo die Menschheit sich auf diese Tiefenschicht verlässt, ohne gleichzeitig das Licht des Bewusstseins zu schützen.

Erst wenn diese paradoxe Situation des Einzelnen deutlich geworden ist, kann man verstehen, dass vom Kollektiv alles dazu getan wird, um dieser Paradoxie zu entgehen und in die Eindeutigkeit zu geraten, die das Enthaltensein in einer archetypischen Welt fester Werte und sicherer Orientierungen vermittelt.

Nur auf dem Heldenweg des Risikos, der Zweideutigkeit und der Angst ist der Wandlungsprozess möglich, der zur Selbst-Erfahrung des Ich und zur Selbstwerdung des Einzelnen führt; nur auf diesem Wege kann der moderne Mensch mit seinem entwickelten Bewusstsein zur Wirklichkeit der Erfahrung kommen, dass er nicht nur mit sich als dem Ich-Komplex identisch ist. Aber es ist auch legitim, dass das Ich sich solange als möglich sträubt, eine derartige Erfahrung zu machen. Dieses Sträuben, das wir oft gerade da finden, wo eine echte Persönlichkeit mit einer entsprechenden Ichfestigkeit vorhanden ist, kann und darf nur durch ein schicksalsmäßiges Geschehen, d. h. eben durch das Eingreifen des Selbst, aufgehoben werden. Nur so – deo concedente – stößt der Persönlichkeit das zu, wogegen sie sich als Ich wehrt, dass sie die Forderung des Selbst erfüllt, sich als Ich aufzugeben, um ein neues Ich zu gewinnen und die Wirklichkeit des Selbst zu erfahren.

Der Normalmensch aber will seine mühsam und nur mit Leiden errungene Ich-Festigkeit und sein in einem schweren Kultivierungsprozess erworbenes Bewusstsein nicht aufs Spiel setzen. Darum ist die Kultur darauf eingerichtet, indirekte Erfahrungen des Selbst zu vermitteln, und das Ich des Menschen vom Großen Einzelnen stellvertreten zu lassen. Im Ritual und im Sakrament, im Kult- und Mysteriengeschehen wird die Einmaligkeit derartiger Erfahrung dann immer stärker institutionell, d. h. unindividuell, sie wird gleichnishaft und symbolische Nachfolge. Die individuelle Erfahrung des Transpersonalen wird nun gerade das, *wogegen* das Ritual, das geprägte Symbol und das kollektivgültige Sakrament schützen soll.

Dass jede Tat des Helden zum Kulturkanon wird, besagt, dass sich dieser Kanon über die nicht Schöpferischen legt wie ein Netz des Enthaltens, das ihr Bewusstsein einfängt. So wird der Kulturkanon zur Großen Mutter, zum Schoß und zur Piscina, in der die unbewussten Fisch-Kindlein schwimmen, ob der Kulturkanon als Enthaltendes sich nun verkörpert als Kirche oder als Staat, als Bewegung oder als Schule, als Glaube oder als wissenschaftliche Gewissheit. Das ersehnte Symptom dieses Enthaltenseins ist das Verschwinden der Konflikte, des Leidens und der Ungewissheit, damit aber auch das Verschwinden der Gegensatzspannung zwischen Bewusstsein und Unbewusstem, welche der wenn auch oft qualvolle Stützpunkt der schöpferischen Entwicklung des Einzelnen ist. Denn gerade das Herausgefallensein aus dem Schoß der Großen Mutter ist die Voraussetzung für die Wirkung des Selbst und seine weitertreibende Bewegung. Deswegen führt die große und verständliche Sehnsucht des Menschen, sich selbst loszuwerden und sich fortzugeben, dazu, sich lieber stellvertreten zu lassen, als selbst der leidende Einzelne zu sein.

Aber wem kann der Einzelne nachfolgen, wenn er ein Einzelner zu werden hat, wie lässt sich die Einmaligkeit und Einzigartigkeit der Individualität, auf die es das Leben der Psyche und die Wirkung des Selbst in ihr offenbar angelegt hat, stellvertreten? Wie es der chassidische Satz formuliert: »Jedermann soll wissen und bedenken, dass er in der Welt einzig ist in seiner Beschaffenheit und keiner ihm gleich war je im Leben, denn wäre je einer ihm gleich gewesen, dann brauchte er nicht zu sein. Aber in Wahrheit ist jeder ein neues Ding in der Welt, und er soll seine Eigenschaft vollkommen machen. Denn weil sie nicht vollkommen ist, zögert das Kommen des Messias«.[11]

Für die Tat des Einzelnen, jedes Einzelnen, nicht nur für die des »Großen Einzelnen«, gibt es in Wahrheit keine Stellvertretung und keine Nachfolge. Deswegen kann das, was dem Einzelnen aufgegeben ist, niemals institutionell, rituell oder sakramental geleistet werden. Das, was den Einzelnen zum Einzelnen macht, sein einmaliges Menschsein mit seinem Ich und seinem Bewusstsein, ist eben nicht nur zeitlos, sondern auch zeitgebunden und ist als Gottessorge bezogen auf die Gegenwart des Lebens in dieser, der jetzigen Welt.

---

11 Martin Buber, Die Chassidischen Bücher, 1927, S. 160.

Die Wirklichkeit des Einzelnen reicht aber auch über die Zeitgebundenheit der Kultur hinaus, ohne mit der archetypisch-mythischen Welt identisch zu sein. Die Einmaligkeit des Einzelnen kommt in einem gewissen Sinn erst oberhalb und außerhalb des Kulturgeschehens auf einer eigenen Ebene zu ihrer wesenhaften Lebendigkeit. Gerade diese aber ist, wie zu zeigen sein wird, die Basis der Persönlichkeitswandlung und die Grundlage für die relative Überwindung der mythischen Welt.

II

Bisher hatte uns vorwiegend die Beziehung der mythischen Welt zum Einzelnen innerhalb der Entwicklungsgeschichte des menschlichen Bewusstseins beschäftigt, und nur konstatierend hatten wir die Situation des modernen Menschen herangezogen. Jetzt aber geht es darum zu erkennen, wie sich dieses Problem bei uns, oder wenigstens bei einigen von uns, konstelliert. Denn auch hier ist ein schränkend festzustellen, dass in einer historischen Zeit gemeinsam zu existieren noch keineswegs besagt, dass man in einer gemeinsamen psychologischen Zeit lebt.

Der Krise des modernen abendländischen Menschen liegt, psychologisch gesprochen, eine Radikalisierung und Überdifferenzierung derjenigen bewusstseinsbildenden Prozesse zu Grunde, die vom Enthaltensein im Unbewussten beim Frühmenschen zur Trennung in die psychischen Systeme Bewusstsein und Unbewusstes beim modernen Menschen geführt haben. Diese Entwicklung hat bei ihm zu einer weitgehenden Abspaltung des Bewusstseins vom Unbewussten und damit zu zwei miteinander zusammenhängenden Gefahren geführt. Beide bedrohen den einzelnen Menschen ebenso wie das Kollektiv. Die eine Gefahr ist die rationalistische, bewusstseinsüberbetonte Atomisierung des Ich und seine Erstarrung, die andere keineswegs weniger große Gefahr ist die der Rekollektivierung, die damit zugleich immer auch eine Remythisierung ist.

Die Krise der Bewusstseins-Abspaltung will ich nur schlagwortartig kennzeichnen, denn sie ist von der Tiefenpsychologie schon oft dargestellt worden. Das »Unbehagen in der Kultur«[12] ist in Wirklichkeit das Unbehagen des Lebens in einer entmythisierten Welt. Der Untergang des alten Kulturkanons der Werte, die Unzulänglichkeit der Religion und der alten Ethik verbinden sich mit

---

12 S. Freud, Das Unbehagen in der Kultur, 1930.

der Reaktionsarmut einer abgesperrten Persona-Persönlichkeit,[13] die auch durch die große Kunst nicht mehr zur Erschütterung, Reinigung und Wandlung gelangt, sondern für welche Kunst zur Ablenkung, Zerstreuung und zum »gesellschaftlichen Ereignis« geworden ist. Dazu kommt das nicht mehr Enthaltensein in einer natürlichen Gruppe und in einer natürlichen Landschaft. Das heißt aber, das Leben wird ichhaft und personalistisch, und die Schrumpfung und Armut der Persönlichkeit wird so allgemein, dass sich der Mensch in seiner eigenen Sinn- und Wertlosigkeit nicht mehr lebenspositiv, geschweige denn schöpferisch erfahren kann, und deswegen sich selber loszuwerden strebt. Dieses bewusste oder, unbewusste Sich-Selber-Loswerden-Wollen, oft genug verständlich durch das tödliche Verlorensein dieses Ich in der Welt, ist aber nun das offene Tor für die katastrophale Sturzwelle des mythischen Einbruchs, der die zweite große Gefahr darstellt.

Die subjektiven Symptome sind, je nach Individuum und Gruppe, verschieden: Angst, Unsicherheit, Orientierungslosigkeit, Ich- und Bewusstseins - Entwertung, Schuldgefühl und eine Tendenz zur Destruktion des Bestehenden, das bewusst und unbewusst als ungenügend erfahren wird. Das führt zur Flucht ins Surrogat, zum Eskapismus und Illusionismus, oder aber zu einem Fanatismus, der die fehlende Sicherheit ersetzen soll. Alle diese Symptome und viele andere münden dann in dem großen und gefährlichen Ruf: zurück zum Kollektiv, zur Flucht ins Kollektiv, zur Ich- und Selbst-Aufgabe, zur Remythisierung.

Dabei ist es ungenügend, immer nur die Gefahr der Flucht in den Kollektiv-Mythos außen zu sehen, der mit Hilfe von vermassenden Staatskolossen den Einzelnen zu desintegrieren und als Atom zu integrieren droht. Die gleiche Gefahr droht von innen. Ebenso wie die Notwendigkeit der sozialen zwischenmenschlichen Erneuerung mit der Gefahr der Rekollektivierung außen durch den Staat verbunden ist, ist die Notwendigkeit der innermenschlichen Erneuerung, der Wiederverbindung mit dem Unbewussten, verbunden mit der Gefahr der psychischen Rekollektivierung durch das Unbewusste. Diese Gefahr kann beim Einzelnen auftreten als schwere Neurose, oder als Psychose, die, wie man weiß, eine Überwältigung des Ich-Bewusstseins durch das kollektive Unbewusste, d. h. aber durch die mythische Welt, ist. Kollektiv haben wir das gleiche Phänomen z. B. im Nazideutschland des Hitlerismus, wie das von C. G. Jung in

---

13 C. G. Jung, Die Beziehungen zwischen dem Ich und dem Unbewussten, 5. Aufl. 1950.

mehreren Arbeiten skizziert worden ist.[14] Aber der Kollektivismus jeder Art ist als eine die Menschheit überschwemmende Flutwelle immer nur das Symptom, das durch eine unterirdische Erdverschiebung der mythischen Welt verursacht worden ist.

Neben diesen direkten Einbrüchen der mythischen Welt gehen andere, nicht weniger gefährliche, heimlichere und unterirdisch vergiftende Bewirkungen von der mythischen Welt auf das menschliche Bewusstsein aus. Das Opiat der mythischen Vergiftung lockt in jeder Romantik und Mystik, die das Bewusstsein auflöst und zur Regression führt. Gerade für den Tiefenpsychologen steht die Notwendigkeit des Zurückgehens in die mythische Welt und die des Wiederanschlusses an sie immer wieder im Mittelpunkt seiner Arbeit. Aber man darf über dem »reculer« nicht das »mieux sauter« vergessen. Nicht von ungefähr ist in so vielen Märchen und Mythen der Weg zum Drachenort, bis zu dem der Held vor- oder hinabstößt, um den Schatz zu holen oder die Prinzessin zu erlösen, umsäumt von zu Stein Erstarrten, von in Tiere Verwandelten oder von Schlafenden, denen der Drachenkampf mit der mythischen Welt missglückt ist. Die Gefahr einer Remythisierung des Bewusstseins, eines Eingelulltwerdens der Ich-Wahrheit und -Festigkeit, hat immer im Zentrum der Aufmerksamkeit einer Tiefenpsychologie zu stehen, welcher der Schutz des Bewusstseins des Einzelnen und damit der Menschheit anvertraut ist.

Obwohl die Tiefenpsychologie, als Ausdruck der Reaktion des modernen Menschen auf seine kollektive Situation, die mythische Welt als Welt des Unbewussten wieder entdeckt hat, finden wir doch auch bei ihr die beiden Gefahren, die für die moderne Krise charakteristisch sind. Die eine Gefahr ist die, mit Hilfe einer pseudo-naturwissenschaftlichen Bewusstseinshaltung den unzulänglichen und unmöglichen Versuch zu machen, die mythische Welt ins Bewusstsein aufzulösen. In den Dienst dieser Tendenz stellen sich dann alle die Funktionen, die innerhalb der Bewusstseinsentwicklung dem Menschen geholfen haben. Sie reichen von der Nichts-Als-Psychologie, die die mythische Welt entwertet, bis zur Bewusstseins- und Ich-Überschätzung, die alles Transpersonale personalistisch abtut. Dabei stützt der Prozess, welcher das Transpersonale als Illusion abzutun versucht, oft genug nur die gefährliche Illusion des personalen Ich-Bewusstseins, alles besser zu wissen.

Jedoch die andere Gefahr, die der Remythisierung, ist nicht weniger groß, ja sie ist besonders heimtückisch, weil die individuelle Begegnung mit der mythi-

---

14 C. G. Jung, Aufsätze zur Zeitgeschichte, 1946.

schen Welt wirklich zur Erneuerung und zur Heilung der durch die Bewusst-seins-Abspaltung bedingten Erkrankung führen kann. Neben der Gefahr, alles von der »kranken Ecke« her zu sehen und zu interpretieren, steht die andere, alles von der »Erlösung« des kranken Menschen her zu sehen und zu deuten. Die Heilungsbedürftigkeit des kranken Menschen kann dazu führen, dass er in der Begegnung mit der mythischen Welt der Psyche gesundet, indem er zur Individuation kommt, die Heilung kann aber auch darin bestehen, dass er z. B. in eine Form der mittelalterlichen Religion zurückgeführt wird und in ihr leben kann. Diese Heilung kann durch den Anschluss an irgendeine Orthodoxie er-folgen, möge diese christlich oder jüdisch, parsisch oder indisch sein. Unser Gewissen lässt sich aber nicht darüber hinwegtäuschen, dass eine derartige Heilung, so berechtigt sie ist, den Menschen dann nur in eine alte mythische Welt zurückgeführt hat. Er lebt nun, ohne es zu wissen, im Drachenbauch der Unterwelt, im alten Schoß der Großen Mutter, aus dem gerade die Entwicklung des Bewusstseins und die Individuation herausführt. Es mag dies durchaus für ihn das Bestmögliche sein, aber sowenig wie wir eine Arm-Prothese mit einem gesundgeheilten Arm zu verwechseln pflegen, dürfen wir im Psychischen Hei-lungen auf der Basis einer relativen Remythisierung mit dem verwechseln, was die komplexe Psychologie als Individuationsprozess bezeichnet.

Das Enthaltensein in einer Kollektivsymbolik ist nicht das Gleiche wie das Aufbrechen der individuellen Symbolik im Prozess der Vollständigwerdung des Einzelnen, das einmalig und unwiederholbar in der schöpferischen und para-doxen Begegnung von Ich und Selbst geschieht. Deswegen ist die mythische Welt des Individuationsprozesses auch mit Recht von K. Kerényi als Indivi-dualmythologie bezeichnet worden, und es wird unsere nächste Aufgabe sein zu verdeutlichen, was damit gemeint ist.

Obgleich die mitunter tödliche Gefährlichkeit der Begegnung mit der mythi-schen Welt auch für ein Ich gilt, das diese Begegnung als ein Innen erfährt, so ist diese Erfahrung, wenn sie auf der individual-mythologischen Stufe ge-schieht, doch etwas ganz anderes als die primäre mythische Erfahrung des Primitivmenschen. Ein frühes Ich, das in einem Urwald der halluzinierten Figur eines dämonischen Wesens begegnet, ist unvergleichlich mehr gefährdet und ausgeliefert als das Ich des modernen Menschen, dem in seinem inneren Ur-wald das gleiche dämonische Wesen entgegentritt. Die Errungenschaft des menschlichen Bewusstseins ist eben ein Gut von allerhöchster Bedeutung. Das Ich steht nicht mehr der Ahnenwelt der mythischen Gefahr wie der Gorgo

allein gegenüber, sondern das Bewusstsein als Produkt der Geschichts-
entwicklung der Menschheit steht ihm hilfreich zur Seite wie Athene dem
Perseus.

Auch wenn diese günstige Situation wieder aufgehoben wird und bei einer
Überschwemmung des Bewusstseins durch einen Einbruch der archetypischen
Welt das Ich zum Primitiv-Ich regrediert, das in der alten mythischen Situation
des Primitiven steht, auch dann noch ist die Situation des modernen Menschen
leichter. Der moderne Mensch hat in einem viel höheren Maße als der Frühmensch die Chance der Verarbeitung und des Wieder-nach-innen-Nehmens der
Situation. Das Ich kann wenigstens nach einiger Zeit, besonders wenn es über
die nötige Festigkeit verfügt, seinen Eigenstand zurückgewinnen. Deswegen
tritt der Individuationsprozess ja in der zweiten Lebenshälfte auf, d. h. einer
Zeit, in der die Ich-Erfahrung und -Festigkeit bereits relativ groß ist.

Wir haben aber den Gegensatz von kollektiv-mythischem und individual-
mythischem Geschehen noch mehr zu verdeutlichen. Das kollektiv-mythische
Geschehen – denken wir an so relativ späte Ereignisse wie die mänadisch-
dionysische Ergriffenheit der Antike oder die Ausgießung des Heiligen Geistes
zu Pfingsten – ist immer an eine Kollektivsituation gebunden. In ihr ist das Ich
als Teil-Ich in der Gruppe enthalten und erfährt durch die Gruppen-
partizipation die Projektionsphänomene des kollektiven Unbewussten verstärkt.
Daher die stifterische Gewalt derartiger Erfahrungen, in denen das Numinose
in seinen Manifestationen durch die Gruppensituation gesteigert, das Ich aber
regressiv, emotional aufgelockert und rekollektiviert wird. Derartige Phänomene sind kollektiv-mythisch. Sie spielen im psychischen Raum der Gruppe
und gehören zu der psychischen Ursprungssituation eines noch nicht entwickelten Bewusstseins und Ich.

Die individual-mythische Erfahrung des Individuationsprozesses ist aber eine
grundsätzlich andere. Schon wenn das Ich zur Erfahrung der psychischen Instanzen gelangt, die wir als Schatten, Anima, Animus, Manafigur usw. kennen,[15]
sind die Teilaspekte dieser Figuren durch die Persönlichkeit dessen bedingt, der
diese Erfahrung macht. Das individuell Einmalige des Typs, des Alters, der In-
dividualgeschichte und der Schicksalssituation sind oft von aktuellerer Bedeutung als das allgemein Menschliche, das diese Instanzen als archetypische Figuren darstellen.

---

15 C. G. Jung, Die Beziehungen, op. cit.

Der Amplifikation, welche kollektiv - menschliches Symbol-und Geschichts-gut vergleichend und erläuternd heranzieht, ist hier etwas gegenüberzustellen, das man versuchsweise als »Aktualisierung« bezeichnen könnte. Die Nur-Amplifikation läuft immer Gefahr, dabei stehenzubleiben, dem Bewusstsein nur eine historisierende Analogiereihe hinzuzufügen und so ins Leere eines unverbindlich Allgemein-Menschlichen zu stoßen. Dagegen besteht die Aufgabe der Aktualisierung darin, die Hier- und Jetzt- Bedeutung dieses Allgemein-Mensch-lichen herauszuarbeiten und zur Verwirklichung zu bringen. Sie hat z. B. gerade die individuelle Variante und Bedeutung der Symbolik und der Situation von der allgemein-menschlichen abzuheben. Während die komplexe Psychologie energisch die Bedeutung des Aktual-Konfliktes betont und deswegen im Gegensatz zur Psychoanalyse nicht alles Heil darin sieht, in der Kindheits- und Frühgeschichte des Ich die krankmachenden Faktoren zu entdecken, läuft sie umgekehrt eine entsprechende Gefahr, wenn sie den Erfahrungen des mythi-schen Geschehens, des kollektiven Unbewussten, ein so großes Gewicht zu-spricht, dass sie darüber vergisst, die aktuellen Konsequenzen herauszuarbeiten, die eine solche Erfahrung für das Ich und die Persönlichkeit bedeuten. Oder, um es mit den Worten C. G. Jungs zu sagen: »Die Gefühlsgebundenheit näm-lich bedeutet eine gewisse Gebundenheit an Existenz und Sinn der symboli-schen Inhalte und daher auch eine Verbindlichkeit derselben für das ethische Verhalten, von welchem sich Ästhetizismus und Intellektualismus allzu gerne befreien möchten«.[16]

Dabei bin ich mir der Gefahr wohl bewusst, in die man mit einer Überbeto-nung des Aktualisierungsaspektes geraten kann. Hier wie überall gilt es, zwischen der Skylla eines Zuviel und der Charybdis eines Zuwenig den höchst problematischen mittleren Weg zu finden. Aber schon die Gefahren zu sehen, bedeutet eine gewisse Hilfe.

Wenn wir aber von einer individual-mythischen Erfahrung im Individua-tionsprozess sprechen, so meinen wir mehr als nur die Zuordnung der indivi-duellen Erfahrung zum Archetyp. Was dem Einzelnen im Individuations-prozess auch an Archetypischem geschehen mag, die mythische Welt ist für ihn nicht mehr, wie beim Primitivmenschen, nur und ausschließlich die fremde Welt des numinos »Ganz Anderen«.

Die erste überwältigende Erfahrung des Unbewussten führt oft dazu, dass das Ich sich nur als eine Vordergrundsmarionette fühlt, an deren Fäden die un-

---

16 C. G. Jung, Die Psychologie der Übertragung, 1946, S. 189.

bekannten Mächte ziehen, welche in Wirklichkeit das Dasein dirigieren. Aber bald gelangt das Ich zu einem höheren Standpunkt und kann so schon relativ früh in seiner Innenentwicklung über den Zustand eines »verborgenen Bewirktseins« hinaus kommen, in dem es sich nur als passiv und als den Mächten ausgeliefert erfährt.

Das Grundgesetz des psychischen Geschehens, das zwischen Bewusstsein und Unbewusstem spielt, ist das der Kompensation, d. h. der Wirkung der Zentroversion, deren Ganzheitstendenz sich darin äußert, dass beim gesunden Menschen jeden Niveaus das Auftauchen der Inhalte des Unbewussten nicht willkürlich und chaotisch sinnlos, sondern in einem gewissen Sinne dirigiert ist. Dass die Archetypen auch »psychische Organe« sind, deren Funktionieren für die Gesundheit und Produktivität des Menschen lebenswichtig ist,[17] bedeutet, dass das Ich im Individuationsprozess die mythische Welt nicht als »fremde Götter« erfährt, deren Willkür es ausgeliefert ist. In dem Maße, in dem der Persönlichkeit die Wirkung der Zentroversion und des Selbst im Geschehen bewusst und durchsichtig erlebbar wird, erfährt es mit seiner eigenen Wandlung auch eine Wandlung dessen, was ihm bis dahin als »mythische Welt« außen oder innen entgegengetreten war. Auch die mythische Welt untersteht dem Gesetz der Integration. Aus der Erfahrung von der absoluten Autonomie der archetypisch-mythischen Welt wird, was man etwas kühn als ein Wissen um die Richtung der mythischen Welt auf den Einzelnen hin bezeichnen könnte und als Erkenntnis von der Unterordnung der mythischen Welt unter das Selbst, damit aber auch unter die Wandlung, in deren Zentrum die Ich-Selbstbeziehung steht. Der Mythus relativiert sich in der Erfahrung von der übergeordneten Wirkung des Selbst. Wenn wir staunend sehen, dass und wie der Prozess der menschlichen Bewusstseins-Entwicklung und der Wandlung von einem gesetzmäßigen Ablauf archetypischer Phasen dirigiert wird, dann erweist sich die archetypisch-mythische Welt als sinnvoll geordnet, oder, um es anders zu formulieren, die Welt der Archetypen scheint im Dienst des Selbst zu stehen, wie die Welt der Engel im Dienste der höchsten Gottheit.

Die Persönlichkeit kommt jetzt innerhalb des Individuationsprozesses zur Erfahrung des »Gemeintseins«, in welcher der Einzelne die Bezogenheit des inneren und äußeren Geschehens seines Lebens als bedeutungsvoll und darüber hinaus als sinnvoll erfasst. (Die krankhafte Form dieses Phänomens ist der Ver-

---

17 C. G. Jung in Jung - Kerenyi, Einführung in das Wesen der Mythologie, Neuaufl. 1951, S. 112.

folgungswahn, in dem alles negativ auf das Ich bezogen wird.) In der Erfahrung des »Gemeintseins« projiziert das Ich aber nicht einfach einen Sinn in jedes Geschehen, sondern es bleibt sich dessen bewusst, dass hier zwei Faktoren zusammentreffen. Einmal handelt es sich um die oft überwältigende Eindrücklichkeit von Erlebnissen, die zum so genannten Außenweltgeschehen gehören, und deren Schicksalsbezogenheit auf den Menschen beim besten Willen nicht als Zufall abzutun ist. Ich erwähne nur die von C. G. Jung als Synchronizität[18] bezeichneten Phänomene und das I-Ging-Orakel[19]. Daneben aber geht es um einen unter stärkster Anteilnahme des Ich verlaufenden Bewusstmachungs- und Verarbeitungsprozess, in dem vorher als sinnlos und zufällig erscheinende Daten bedeutsam und sinnvoll werden, in dem sich Unverstandenes einordnet und das Leben mit all seiner anscheinenden Zufälligkeit und Willkür als Eigenschicksal erfahren wird, das zur Ganzheit der Persönlichkeit des Einzelnen gesetzlich dazugehört.

Wir können aus den Erfahrungen, die im Verlauf des Individuationsprozesses gemacht werden, nur das herausheben, was für den Zusammenhang der Ich-Selbst-Konstellation typisch ist. Eindrucksvoll steht immer am Anfang das Erlebnis der Traumreihe, d. h. des ich-unabhängigen inneren Zusammenhanges der Träume. Das Selbst als Redaktor des Traumes und der Traumreihe, als souverän mit den Inhalten der Innenwelt, den persönlichen Erinnerungen, den Tagesassoziationen und der kollektiv-unbewussten Symbolik schaltende Instanz, gehört zu den einprägsamsten Begegnungen, jedenfalls für die wenigen Menschen, die das Staunen nicht verlernt haben. Während in der aktiven Imagination, in Phantasie und Vision mehr die schöpferische Qualität der Tiefenschicht in ihrer oft anonymen Gewalt sichtbar wird, sind das vereinigende Symbol und die transzendente Funktion direkte Ausdrucksformen der umfassenden Ganzheit selber; denn im Gegensatz zu dem Natursymbol, das ein reines Produkt des Unbewussten ist, wird ja das vereinigende Symbol durch die Beteiligung des Bewusstseins und des Unbewussten konstelliert.

Im Laufe der Entwicklung wird aus dem unbekannten Zentrum der Persönlichkeit in der dialogischen Beziehung zu ihr ein Du, das trotz aller Transpersonalität in paradoxer Intimität als persönlichkeitszugehörig erfahren wird. Die Führung durch das Selbst, bei der es helfend und als Stimme orientierend auf-

---

18 Vgl. C. G. Jung, Synchronizität als ein Prinzip akausaler Zusammenhänge, in: Naturerklärung und Psyche, 1952.

19 Das Buch der Wandlung, op. cit.

tritt, wird zunächst oft in Konflikt zum Ich erfahren werden müssen, aber schließlich bleibt es als richtunggebender Faktor in der Persönlichkeit wirksam, selbst wenn es in Krisen und in Wandlungssituationen das Ich gegen seinen Willen suspendiert. Gerade die Erfahrung, in der die Persönlichkeit sich nicht mehr nur als Ich, sondern auch als Selbst zu erfassen beginnt, und in welcher der Kontakt zu der ichtranszendenten Ganzheit stärker und stärker wird, festigt das, was wir mit dem Erlebnis des »Gemeintseins« zu charakterisieren versucht haben. Dieses Wissen um das »Gemeintsein« verleiht dem Menschen eine neue Würde und einen neuen Stand in der Welt, es ist erlösend, weil es sinngebend ist und den Einzelnen zu einem verantwortlichen Lebensträger macht, dessen Bedeutung über das Nur-Persönliche und über das Nur-Kollektive endgültig hinausreicht.

Auch hier begegnet uns die paradoxe Situation, die wir anfangs betont haben. Obgleich dieser Aspekt und die Erfahrung seiner Gültigkeit für den Einzelnen lebenswichtig ist, droht dicht neben ihm die Gefahr der Inflation, die Gefahr der Identifizierung mit dem Selbst, damit aber die Gefahr des Ich-Verlustes und des Umschlagens des Prozesses in ein Verschlucktwerden von der nun wieder drachenhaft überwältigenden mythischen Welt. So kommt alles und jedes auch hier wieder auf die Position des Ich an und auf die Haltung des Bewusstseins, in dem sich diese Position manifestiert.

Bei dem Versuch, an einer Traumreihe dieses Problem zu illustrieren, hat man sich der Unmöglichkeit dieser Aufgabe ebenso bewusst zu sein, wie der Zumutung, die man sich damit jedem Menschen gegenüber erlaubt, der über keine entsprechende Eigenerfahrung verfügt. Denn niemals kann die Erfahrung eines anderen Menschen überzeugen, sie kann nur hinweisen auf mögliche eigene Erfahrung. Dabei ist ein möglicherweise enttäuschender Tatbestand an den Anfang zu stellen. Bei aller Eindrücklichkeit und Eindringlichkeit sind diese Träume einer Frau individual-mythisch, d. h. aber, sie haben Wirklichkeit nur für den Einzelnen, in dem sie stattgefunden haben. Wirklichkeit und Wirksamkeit derartiger innerer Geschehensabläufe sind oft für ein Außen so schwer rektifizierbar wie die Seele selbst. Das bezieht sich nicht auf die Heilung von Krankem, die nachweisbare Entwicklung des Bewusstseins und all die Ergebnisse für die Wirklichkeitsbeziehung, auf die bei dem Problem der Aktualisierung hingewiesen wurde. Aber es scheint, dass die Kategorie des Geschehens im psychischen Raum unserem Bewusstsein noch so fremd ist, dass wir unwillkürlich nach augenfälligen Beweisen im Außen fragen, die jenes Geschehen zu legitimieren hätten. Wir wissen, dass hervorragende äußere Leistung in der Welt mit einer Minderleistung im seelischen Raum verbunden sein und von dort aus zu negativen Auswirkungen ungeahnten Ausmaßes führen kann, z. B. bei Verdrängung und Unterdrückung. So mag es umgekehrt sein, dass wir später einmal im Stande sein werden, zu erkennen und nachzuweisen, dass die »Stillen im Lande«, deren äußerer Wirkungskreis gering ist, und denen man »es nicht an sieht«, auf der Innenseite des Menschlichen ein großes und fruchtbares Werk leisten. Die jüdische Legende sagt, dass die Welt auf dem Vorhandensein von 36 Gerechten stehe, dass diese Gerechten aber unbekannt seien und unbekannt sein müssten. Möglicherweise handelt es sich dabei um dieses von uns angedeutete Problem. Dabei ist es mir bewusst, welch höchst gefährliche und dämonisch unheimliche Aspekte dieses Prinzip der Verborgenheit in sich schließt.

Die Bedeutsamkeit dieser Traumreihe ist also nicht in dem Sinne zu verstehen, die ungefähr 30 Jahre alte Träumerin dieser Träume müsse ein besonderer und hervorragender Mensch sein. Jeder, der die Psychologie des Unbewussten kennt, weiß, dass großartige Träume nichts über die Großartigkeit der Persönlichkeit aussagen, in der diese Träume sich träumen. Wenn wir dies sagen, ist deswegen unsere tiefe Bewunderung vor der Tatsache dieser Träume selber, d. h. vor dem überwältigenden Phänomen der schöpferischen Gewalt, Schönheit und Bedeutung der inneren Wirklichkeit keineswegs geringer. Diese Träume sind unter dem Druck einer Entwicklung geboren, in der eine Persönlichkeit mit und gegen ihren Willen dazu gezwungen wird, ein Einzelner zu werden. Sie sind ebenso geprägt durch die heldische Auseinandersetzung des Ich mit der mythischen Welt wie durch das Versagen des Ich, ebenso durch die Paradoxie der Ich-Selbst-Beziehung wie durch die wirksame Nähe des Selbst.

»Eine Frau (Ich?) steht über einem sich krümmenden Lindwurm. Die gesamte Erscheinung ähnelt den Madonnenbildern, die sie als Besiegerin des Drachens darstellen – ich erlebe die Situation selbst, aber sehe sie aus einer Distanz. Die Art der Darstellung entspricht den mittelalterlichen, menschlichen, ganz nahe empfundenen (Holzskulptur im Triptychon von Timmermans), in denen eigenes menschliches Erleben in Figuren der Kirche dargestellt wurde.

Ich beobachte die Frau näher und sehe, dass sie nicht den Lindwurm tötet, sondern ihn wie einen Hund mit der Lanze lenkt und leitet. Das Bild ist von einer erschütternden Einfachheit und Anspruchslosigkeit, doch von großer Bedeutungstiefe. Ich weiß, dass es ein Bild ist, doch ich kann nicht unterscheiden, ob außerhalb oder in mir, fühle den Prozess in mir sich vollziehen und zugleich mich als ebenso Handelnde.«

Dieser zunächst positiv erscheinende Traum steht in engem Zusammenhang mit einem zwei Wochen vorher im Halbschlaf gesehenen Bild, das folgendermaßen lautet:

»Über mich beugt sich eine riesige weiße Gestalt, zuerst glaube ich, dass es ein Mann sei, dann erkenne ich sie als Frau, die mich aus unerhört tiefen, wie aus einer ganz andern Welt erleuchteten Augen fixiert. Ich bin (real) sehr müde, doch immer wenn ich die Augen schließe und einschlafen will, spüre ich die wie Pfeile in mich eindringenden Augenstrahlen der Frau, die mich wieder ins Bewusstsein zurückreißen und mich zwingen, mich wieder ihrem Blick auszusetzen. Ich leide unter diesem Zustand. Der Blick der Frau hat solche über menschliche Fassungskraft gehende Bedeutsamkeit, solche fordernde Eindringlichkeit, dass ich einerseits weiß, dass vor ihrem Anruf keine Weigerung bestehen kann, andererseits wage ich noch immer nicht, mich ihr ganz auszuliefern. Ihr Dienst fordert ganzen Einsatz, über menschliches Maß hinausgehende Hingabekraft – und der Anfang fordert Durchhalten bis zu einem unübersehbaren Ende –, wo soll ich die Kraft hernehmen, da sie von mir fordert und fordert und ich schon jetzt wie ausgesogen unter ihrer Übermacht zusammenbreche.«

Die Erscheinung dieser weißen Frau – die weiße Frau gilt bekanntlich in der Folklore meist als negativ – wurde dann gemalt, und zwar als Brustbild einer Nonne, deren Augen überaus starr und gefährlich blicken. Das Bild war von äußerster Unheimlichkeit, die Gestalt hielt in der Hand eine schwarze Perle, ein Symbol, das in seinem Gegensatz zur weißen Perle nefast wirkte, wie viele Symbole in der Traumreihe dieser Phase; die andere Hand war warnend, drohend, erhoben.

Vor der Besprechung dieser beiden Traumbilder haben wir noch einen dritten Traum anzufügen, der einige Tage nach dem Traum mit der Madonna geträumt wurde. In der zeitlichen Reihenfolge kommt also zuerst das Halbwachbild der weißen Frau, dann der Traum der Madonna, das gemalte Bild, und dann der nun folgende Traum:

»Ich zeige Ihnen das Bild von der Frau, das ich neulich zeichnete. Doch statt des doch immer noch einige Plastizität enthaltenden Bildes ist da ein hohles Gespenstergesicht, das nur durch Linien umrissen ist, die durch Kettenglieder gebildet werden. Ich versuche zu verstehen, was hier geschehen ist, doch bevor ich Sie fragen kann, belebt sich das Bild, gewinnt noch höhnischeren Ausdruck – durch alle Linien geht ein Reißen, die Kette fällt an vielen Stellen auseinander, sodass die Glieder fast wie sich krümmende Würmer wirken. Jemand sagt: ‚Das Fleisch (oder der Körper?) fällt, der Geist ist frei‘.«

Ich versuche, die Bedeutung der Wandlung zu erkennen und kann sie negativ und positiv mir vorstellen, ohne entscheiden zu können, was hier zutrifft.

Erstens ist es möglich, dass hier ein an sich positives Element in einem negativen Körper eingefangen war und durch dieses Eingefangensein sich negativ auswirken musste. – Nun hätte sich eine bestimmte ‚Idee‘ frei gemacht von einer nicht entsprechenden Verkörperung.

Zweitens könnte der negative Geist dieses Bildes nun gelöst sein und hier besteht die Gefahr, dass, da der Geist ein Ausdrucksmittel sucht, er in andere Gestalten eintritt. Ich habe das unmittelbare Gefühl der Gefahr – so als hätte es, als der Geist in dieser Frau verkörpert war, zugleich einen Schutzkreis gegen ihn gegeben –, nun, da er körperlos ist, ist nicht abzusehen, in welcher Form er von mir Besitz ergreifen kann; – mir wird plötzlich bildhaft klar, dass so die Gefahr der Schizophrenie sich konstelliert.

Es ist augenfällig, dass die Reihe der drei Träume einen verhängnisvollen Ablauf darstellt. Trostreich erscheint die unerschütterte Bemühung des Ich, wenn auch nicht den Zusammenhang, so doch wenigstens die Bedeutung des Einzelgeschehens verstehen zu wollen. Mit einer gewissen unmenschlichen Sachlichkeit wird erkannt: »So konstelliert sich die Gefahr der Schizophrenie«, aber diese Bewusstseins-Überbetonung mag zunächst sogar segensreich sein. Nur und gerade die mit der bewussten Entwicklung verbundene Abspaltung der emotionalen Komponente verhindert hier, so scheint mir, eine katastrophale Überschwemmung, einen emotionalen Sturm, in dem die Persönlichkeit hätte aus den Fugen gehen können.

Aber, so müssen wir fragen, was hat das Ich falsch gemacht, wie lässt sich der Verlauf erklären, was hat zu dieser katastrophalen Entwicklung geführt, die in dem dritten Traum zu ihrer Krise kommt? Der zweite anscheinend so positive Traum hat offenbar – wie wir allerdings erst nachträglich feststellen können – zu einer Inflation geführt. Die unbewusste Identifikation der Persönlichkeit mit der Madonna hat ein Geschehen in Bewegung gesetzt, das schließlich zum Auseinanderfallen des Gesichtes geführt hat.

Wurde denn dem Ich nicht gerade durch die betonte, »menschlich ganz nah empfundene Darstellung« der Madonna die Identifizierung mit ihr nahe gelegt?

Und ist es wirklich eine Formulierung der Hybris: »Ich weiß, dass es ein Bild ist, doch ich kann nicht unterscheiden, ob außerhalb oder in mir, ich fühle den Prozess in mir sich vollziehen und zugleich mich als ebenso Handelnde?« Aber wir greifen voraus.

Das Bild der weißen Frau stellt, so scheint uns, den zweideutigen und bedrohlichen Aspekt des Selbst dar. Die Gespenstigkeit des gemalten Bildes ebenso wie die schwarze Perle symbolisieren die archetypische Seite des weiblichen Selbst, die uns als Archetyp der furchtbaren Mutter bekannt ist. Hier aber erscheint sie nicht als die mythologische Figur, welche die Triebseite des Unbewussten ist, z. B. als Herrin der Tiere, sondern sie taucht als negativ geistige Figur auf, als Nonne, deren destruktiven Charakter wir noch zu deuten haben werden.

Diese Frau ist nicht das »Selbst«, sie stellt nicht die Ganzheit, sondern nur einen Teil von ihr dar. Deshalb bezeichnen wir sie ja auch als Archetyp, als Teil der mythischen Welt. Aber ihr Dringlichkeitscharakter, die einbohrende Numinosität des Blickes und die Unabweisbarkeit ihrer Forderung entspricht den Erscheinungsformen der Gottheit, die wir von der Religionsgeschichte her kennen. Jede *einzelne* Manifestation der Gottheit, so auch ihre furchtbare Seite, ist niemals das Ganze und ist deswegen in ihrem Auftreten als Teil-Aspekt immer wieder »nur« archetypisch.

So sieht praktisch, am Beispiel, die gefährliche Situation aus, die wir als Paradoxie der Beziehung des Selbst zur archetypischen Welt aufzuzeigen versucht haben. Das Ich kann sich unmöglich der Forderung des Selbst, hier der Forderung der weißen Frau, entziehen, weil dies zu einer Einbruchskatastrophe führen würde, in der sich die unbewussten Inhalte mit Gewalt durchsetzen würden. Daneben aber besteht die Notwendigkeit, sich mithilfe des Bewusstseins gegen die Gefahr auszubalancieren, die es bedeuten würde, sich diesen Inhalten auszuliefern, da sonst eine ebenso große Katastrophe als Besessenheit und Zerfall drohen würde.

Aber auch diese Abwehr gerade kann zum Unglück werden. Zwar ist schon beim Auftauchen der »weißen Frau«, stärker noch im gemalten Bild, der Gefahrcharakter unverkennbar, aber er ist zunächst noch nicht zum katastrophal Negativen hin verschoben. Seine relative Ungefährlichkeit wird noch dadurch gewährleistet, dass das Bild der Frau eine Einheit darstellt, die den »Geist« in sich gebunden hat. Dieser Geist aber ist nach der zweiten Interpretation der Träumerin ein negativer Geist. Er ist der negative und destruktive männliche Todes-Geist, der im Mythos so oft die Große Mutter als ihr Trabant begleitet, und der fast überall da nachweisbar ist, wo das weibliche Selbst in der Gestalt der »furchtbaren Mutter« erscheint.[20]

Erst als die Einheit dieses Gesichts zerspringt, wird der Destruktionscharakter des negativen Geistes frei, die Überwältigung der Persönlichkeit durch ihn er scheint als Schizophreniegefahr, und die bis dahin in die Linien des Antlitzes der furchtbaren Mutter eingekettete und eingefangene mythische Welt löst sich nun auf, das Gesicht zerfällt in die Miniaturdrachen, Larventeile und Würmer.

Die Zerstückelung durch den Wahnsinn lässt die Persönlichkeit in ihre Teilkomponenten, in die Komplexe, in die psychischen Einheiten, in sich krümmende Würmer, zerfallen. Wir beginnen jetzt zu verstehen, warum der Zerfall des höhnisch gewordenen Gesichts der Frau von den Worten begleitet wird: »Der Körper fällt, der Geist ist frei!«

Wir wollen zunächst den Interpretationen der Träumerin folgen, die bei ihr meistens im Halbschlaf auftauchen. Ihre erste Interpretation fußt auf der archetypischen Auffassung, nach der die Persönlichkeit aus einem Geist besteht, der in einen Körper gefahren ist, und nach der Leben immer eine Art Geistbesessenheit darstellt, insoweit es sich um vom Geist belebte Körper handelt.

Ihre Deutung des Bildzerfalls ist die des Ausfahrens eines positiven Geistes aus einem negativen Körper, also in unserem Sinne etwa aus einer defekten Konstitution. Das schlechte Gefäß, in dem sich der positive Geist nicht verwirklichen kann, wird zertrümmert. Das würde im dämonologischen Sinne bedeuten, der Geist verlässt die Körpereinheit, die nach seiner Freiwerdung zerfällt. Es handelt sich dabei um die bekannte archetypische Auffassung des Todes, nach welcher der Körper zerfällt, wenn ihn der frei werdende Geist verlässt. Das bedeutet aber für die Träumerin, es besteht Todesgefahr. Auch in dem Zerfallen des Gesichts in Würmer ist dieser Aspekt durchsichtig. Die zweite Deutung ist die der Überfalls-Besessenheit durch den bösen Geist, der aus dem Bilde der furchtbaren Mutter ausfahrend, zur Schizophrenie führen kann.

In diesen Zusammenhang nun reiht sich der Madonnentraum ein. Die Madonna, die positive Aspektseite des weiblichen Selbst, steht als gute Mutter der furchtbaren gegenüber. In dem Traumbild steht sie auf dem Drachen, der sie selbst ist als furchtbare Mutter und als Todesmutter. Ein höchst bemerkenswertes Symbol, denn in diesem Bild der auf dem Drachen stehenden Madonna

---

20 Verf.: Ursprungsgeschichte, op. cit.

manifestiert sich die Ganzheit des weiblichen Selbst, nicht nur die gute Seite. Aber schon hier ist deutlich, dass das Gleichgewicht in der Persönlichkeit und im Selbst gerade noch gehalten werden kann. Nur dank der offenbaren Befreundetheit der Madonna mit dem Lindwurm – die in so augenfälligem Gegensatz steht zu der männlichen Position des heldischen Sieges über den Drachen – ist der Drache bereit, die Madonna zu tragen und sich von ihr lenken zu lassen. Aber diesen spezifischen Aspekt der Freundschaft mit dem Unteren, mit der Drachenseite des Weiblichen, hat die Träumerin nicht erfasst, gerade in ihm aber liegt der individual-mythische Zug, der das einzigartige Bild von dem kollektiv-mythischen Bild der Madonna unterscheidet.

Durch dieses Missverstehen aber konnte es zu dem kommen, was wir als Inflation bezeichnet hatten, zur Identifikation mit der Madonna. Nicht, dass die Träumerin der Madonna »zu nahe getreten« ist, ist das Entscheidende, das Schlimme ist, dass sie den Drachen nicht genügend respektiert hat.

Das Übersehen des Unteren führt zur Verwandlung ins Negative, zur »Rache« des Lindwurms, zur Regression des unteren Weiblichen, zum Zerfall des Gesichts und zum Auftauchen der regressiven Drachen-Würmer. Dass sie nicht die Einheit von Madonna und Drachen realisieren konnte, hat das Auseinanderfallen der in diesem großen Bild miteinander verbundenen Gegensätze verursacht.

Die Verwandlung des »einige Plastizität zeigenden Bildes« in ein »hohles Gespenstergesicht« entspricht einer negativen »Vergeistigung«, einem Auseinanderfallen der Körper-Geist-Einheit. Das Fallen des Körpers und das Freiwerden des Geistes gehört zum christlichen Frömmigkeitskanon. Diese Zuordnung der Symbole wird verstärkt durch die Gegensätze: Körper – Fleisch – Fallen – Unten – Gefangenschaft gegen Geist – Steigen – Oben – Freiwerdung.

Die Gefahr, die sich in diesen Träumen konstelliert, ist die eines Körperverlustes durch eine mystische Geistesekstase, die zur Psychose führen kann, weil die Körpersubstanz, die Konstitution, das »schlechte Gefäß«, diesem Ansturm nicht gewachsen ist, wie schon das erste Auftauchen der weißen Frau hatte vermuten lassen. Die furchtbare Mutter kann also auch bei der Frau als furchtbare Geist-Seite auftauchen.[21]

---

21 Wir kennen das in höherem Maße aus der männlichen, besonders der jüdisch christlichen Psychologie, wo oft der Geist-Vater als furchtbarer Vater erkannt und überwunden werden muss.

Ohne auf dieses Problem der weiblichen Psychologie hier näher eingehen zu können, ist folgendes anzumerken. Die Erscheinung der weißen Frau war zunächst als »weiße Gestalt« sichtbar geworden, von der die Träumerin zuerst sogar glaubte, sie sei ein Mann.

Das heißt, von Anfang an war das Problem des Männlichen, oder wie wir besser zu sagen hätten, des »männlichen Geistes«, betont gewesen. Die Nonnenfigur, als welche die weiße Frau gemalt wurde, ist zwar eindeutig weiblich, aber wie wir wissen, ist die Psychologie der Nonnen und Mystikerinnen nicht nur charakterisiert, sondern man könnte geradezu sagen stigmatisiert durch ihre Bezogenheit zur männlichen Animus-Geist-Seite. Dass die furchtbare Mutter-Figur, insbesondere in ihrem zerfallenden und Zerfall bringenden Gefahraspekt mit dem negativen männlichen Geist zusammen auftaucht, haben wir schon gesehen.

Anders aber ist es mit dem Bilde des Doppelselbst, der Madonna auf dem Drachen, dessen falsche Interpretation die Gefahr zum Ausbruch gebracht hatte. Der Madonnentraum, mit dem Aspekt der Doppelseitigkeit des Selbst, hatte eigentlich den Sinn, kompensatorisch die Bedrohung durch die »weiße Frau« auszugleichen. Das männliche Prinzip ist auch hier vorhanden, nämlich in der Lanze, welche die Madonna in der Hand hält, und mit deren Hilfe sie das untere Prinzip dirigiert. Auf das, was diese Einbeziehung des Männlichen hier bedeutet, können wir leider nicht eingehen. Wichtig ist es aber, noch einmal das menschheitsgeschichtlich durchaus Neuartige dieser Madonna zu akzentuieren, die mit ihrem unteren negativen Prinzip befreundet ist. Ebenso wichtig ist es, zu verstehen, dass und warum gerade die Deutung dieses individual-mythischen Bildes nach dem kollektiv-mythisch christlichen Kanon zur katastrophalen Belebung der Drachenseite und zur Gefahr des Auseinanderfallens geführt hatte.

Auch in der ersten Interpretation des Traumes durch die Träumerin selber waren Tod und Zerfall des Körpers noch »positiv-christlich« zu deuten versucht worden. So als ob das »Freiwerden des Geistes« als eine Erlösung anzusehen wäre, weil ein positiver Geist in einem negativen Körper eingefangen worden war.

Der zweite Deutungsansatz aber hatte hier weitergeführt, denn in ihm war erstmalig der Aspekt des »negativen Geistes« aufgetaucht, von dem bis dahin noch keine Rede gewesen war. Zwar war die Formulierung noch dämonologisch, aber indem das Ich die Gefahr des Besessenwerdens durch den Geist realisierte, setzte es bereits eine neue Konstellation in Bewegung.[22]

In dem Augenblick, in dem das Ich-Bewusstsein den Zusammenhang erkennt und den Überblick über die Gesamtsituation wiedergewinnt, steht es – seiner ureigentlichen Funktion getreu – im Ebenbild der Ganzheit und im Kontakt zum Selbst. Damit ist aber die Gefahr des Auseinanderfallens der Teile gebannt. So wie archetypisch-symbolisch die Zerstückelung mit der Kastration und dem Ich-Verlust zusammengehört als Symptome der Überwältigung durch das Unbewusste, so führt das Durchhalten des Ich in der Gefahr des Drachenkampfes zur Wandlung und zur Wiedergeburt.

Deswegen folgt auf die Erkenntnis der Situation in der nächsten Nacht der Traum, den ich mit leichten Kürzungen zitiere: Nach einer inneren Diskussion, ob die Träumerin zu einem Konzert oder zu einem Tanzkonzert gehen soll, fährt der Traum fort:

>»Die Leiterin der Gruppe tritt hinzu und es vollzieht sich eine völlige Situationsänderung. Es ist wohl die Tanzgruppe, die um mich spielt. – Ein weiter Kreis, in dem zentral angeordnete kleine autonome Kreise sich befinden. Von außen droht eine Gefahr – die Frage ist einerseits, ob es gelingt, sie so lange fern zu halten, bis jede der einzelnen Kugeln (Eier, Larven, in sich gekrümmte, noch nicht handlungsfähige Lebewesen), die in ihr enthaltene Lebenskraft enthüllt, andererseits, ob es gelingt, auch auf diese einzuwirken, sodass sie schneller zur Aktivierungsfähigkeit gelangen. Erst wenn jeder der autonomen Teile nach seinen Gesetzen zu handeln beginnt, besteht die Möglichkeit, den Ring so zu schließen und zu schützen, dass keine Gefahr zum Mittelpunkt vordringen kann.
>
>Die Leiterin der Gruppe tanzt einen symbolischen Erweckungstanz, auch ich als einziges miterlebendes Wesen versuche, von meiner Energie auf naheliegende Kreise einströmen zu lassen und sie zur Entwicklung zu bringen. Nur die gemeinsame Abschlusshandlung wird genügen, der Einbruchsgefahr zu begegnen.«

Der Traum ist deutlich als eine Fortsetzung der alten Situation zu verstehen, aber doch – wie hat sich alles gewandelt.

---

22 Die in diesen Träumen so deutliche Symbolik der »Austreibung des Geistes« aus einem Körper und die Tendenz des Geistes, eine neue Gestalt anzunehmen, gehört zu den Grundgeheimnissen und Grundgefahren des alchemistischen Prozesses (C .G. Jung, Psychologie und Alchemie, 2. Aufl. , 1952).

Geblieben ist die Einbruchsgefahr, aber die neu auftauchende Leiterin der Gruppe, neben dem Ich der Träumerin die einzige menschliche Handelnde, leitet ein Geschehen, dessen Sinn es ist, als Tanz-Ritual, als sakraler Abwehrzauber den Einbruch, der den Mittelpunkt bedroht, auszuschließen. Es handelt sich bei diesem Ritual um zwei wesentliche Aktionen. Die eine besteht in der Bildung des Kreises, des Mandala, dessen Abschluss die Gefahr fern hält. Den Kreis zu schlagen, heißt den Mittelpunkt, das Selbst, als Konzentrationspunkt der Persönlichkeit anzusetzen.

Denn auch wenn das Ich nur damit beschäftigt ist, das Äußere in Ordnung zu bringen, die Peripherie herzustellen, den Bogen zu schlagen, so ist die Aktion dieses Zirkelschenkels doch, ohne dass das Ich darum zu wissen braucht, daran gebunden, dass der andere Schenkel im Mittelpunkt, dem Selbst, fundiert ist.

Aber – und das ist hier das Wesentliche – die kollektiv-mythische Figur der Kreisschlagung genügt nicht, sie muss ergänzt werden durch die zweite Aktion, die Erweckung der unentwickelten Persönlichkeitsteile. »Nur die gemeinsame Abschlusshandlung wird genügen, der Einbruchsgefahr zu begegnen.«

In diesen Kugelteilen, die als »Eier, Larven, in sich gekrümmte, noch nicht handlungsfähige Lebewesen« charakterisiert werden, kehren in gewandelter und progressiver Form die Teilstücke wieder, die als zerfallende Kettenglieder und Drachen, als »sich krümmende Würmer«, Symbole der Zerfallsgefahr gewesen waren. Dieses Umschlagen einer Gefahr, Todes und Regressionssituation in eine lebendige und zukunftsträchtige – und es handelt sich dabei um den Traum der nächsten Nacht – wird durch das Auftreten der »Leiterin der Gruppe« konstelliert, die als eine positive und persönliche Inkarnation des Selbst eingreift und das Heilungsritual durchführt.

Das Zweite in diesem Ritual Wesentliche ist: die Mandalasituation wird getanzt. Gerade die urtümliche Ganzheitsaktion des Körpers, der sich einer psychischen Form fügt, bringt die Rettung. Die seelisch bewegte Körperganzheit steht im Gegensatz zum »Kopf«, zu der die Plastizität verlierenden Zeichnung der Frau, zum »freien Geist« und zu dem Satz »der Körper fällt«. Ebenso bildet die Bewegung den Gegensatz zu der betonten nonnenhaften Starre.

Die Kreisform des Ganzen wie seiner Teile – auch die Kugeln sind ja »zentral angeordnet« – besagt, dass sich nun alles der Zentroversion unterstellt hat. Das Selbst dirigiert. Dabei ist die Figur des Selbst einmal archetypisch transpersonal in der Konfiguration des Ganzen, eben des Kreises, sichtbar, außerdem aber verkörpert es sich neben dem Ich der Träumerin in der Leiterin der Gruppe personal.

Nicht zuletzt aber ist darauf hinzuweisen, dass in der Symbolik des Er-weckungstanzes eine mütterliche Komponente wirksam wird. In der Belebung und Entwicklung der Eierlarven durch die Hinlenkung der weiblichen Kraft-ströme realisiert sich – und zwar nicht im Bild und nicht in einer inflationisti-schen Identifizierung, sondern in der rituellen Aktion – der Archetyp der Madonna. Die mütterlich nährende Zuwendung zum »kleinen Wurm« bringt hier das archaisch Unentwickelte und in sich noch Ambivalente, das im Zerfall regressiven Todes- und Drachen-, wie im Aufbau progressiven Lebenscharakter haben kann, zu seiner positiven Entfaltung.

Die Psyche besteht ihrer Natur nach aus Teilseelen, aus psychischen Zell-einheiten, die autonom sind und von sich aus kein einheitliches System bilden. Der Einheit des ichzentrierten Bewusstseins-Systems steht ein zunächst nicht einheitlich zentriertes Unbewusstes gegenüber. Das ist ja die Ursache für jede Komplexwirkung und Besessenheit. Diese Tatsache führt bei einem Einbruch, z. B. bei einer Inflation, die mit Verlust des Körperbewusstseins einhergeht – Schweben, Fliegen usw. sind ja typische Symbol-Symptome der Inflation –, zum Zerfall der relativen Körper-Seele Einheit, d. h. zu einer Unterdrückung der Zentroversion. Das äußert sich in einem regressiven Selbständigwerden der Teilseelen der Psyche: Zerstückelung, Zerreißung, Schizophrenie. Umgekehrt führt die Entfaltung der Teilseelen in einem zentrierten System zur Integration der Teile und zu einer Festigkeit des ganzen psychischen Systems, das nun die Einbruchsgefahr bannen kann.

Der Traum der darauf folgenden Nacht, der letzte Traum, lautet folgender-maßen:

»Ich stehe in einem von hohen Mauern umgebenen Hof, dem innersten Hof eines Gebäudekomplexes. Ich wurde vielleicht mit verbundenen Augen oder durch Dunkelheit, denn ich kann mich keiner visuellen Eindrücke des Weges entsinnen, aus einer Menschenmenge herausgerufen. Ich wurde ge-führt von einem alten Mann, der mich dann einer Frau überantwortete; nach ihr schienen wieder die Führer zu wechseln. Ich wurde in den Hof wie in ein Gefängnis geführt, hinter mir schließen sich die Tore. Ich will noch rufen und fragen, als mein Auge auf eine Goldblume im Mittelpunkt des runden Raumes fällt. Hier spalten sich meine Eindrücke: Einerseits halte ich sie in Händen und spüre, wie eine neuartige, zärtliche Freude mich immer stärker mit ihr verbindet; während ich über die zartgeformten Blätter streiche, strömt ihr Wesen in mich ein und ich spüre gleichsam, wie ihr Bild sich in mir ausprägt, eigenes Leben gewinnt und sich entfaltet. Andererseits spüre ich mich wie zwischen weichen Blättern (so als sei ich die Blüte, die von weichen Händen umfasst wird), die mich mit Zärtlichkeit umhüllen. Es besteht eine völlige Harmonie zwischen ihrem und meinem Entgegenkommen, ich erlebe, wie ich gleichsam in sie verströme, aber zugleich mich im Kelchmittelpunkt von neuem kristallisiere.«

Mit diesem Traum ist – zunächst –, wie wir sagen können, die Einbruchsgefahr gebannt. Es ist unmöglich, den Reichtum und die Bedeutung dieses Traumes in unserem Zusammenhang voll herauszuarbeiten. Deswegen müssen einige Hinweise genügen.

Die Individuation führt mit ihrem mysterienhaften Herausrufen aus der Menge, das mit »verbundenen Augen« geschieht, durch eine Dunkelheit, in der die Ichorientierung versagt. Archetypisch sind ja immer Ich – Bewusstsein – Auge – Licht zusammengehörende Größen. Unter der Direktion von Archetypen, von denen der »Alte Mann« und die »Frau« genannt werden, gelangt die Träumerin in die Klausur, in das Kloster, in das Gefängnis, in den Temenos – der Individualität.

Wir dürfen bei dem goetheschen Satz von der »geprägten Form, die lebend sich entwickelt« nicht vergessen, dass die wunderbare und erlösende Erfahrung der lebendigen Entwicklung neben der qualvollen Gefängniserfahrung des unwiderruflichen Geprägtseins steht: »So musst du sein, du kannst dir nicht entfliehen«.[23]

Nur wer die ganze Bitterkeit dieser Selbsterfahrung gekostet hat, kann auch begreifen, warum immer wieder in der Menschheitsgeschichte der Körper, diese augenscheinliche und faktische Verkörperung der Individualität, als Grab und als Leiche, als Gefängnis und als Verbannung, als Ort der Verstrickung und der Fessel, der Gebundenheit und der Unerlöstheit vom »freien Geist« erfahren wird und erfahren werden muss.

In dem Augenblick, in dem der Mandalakreis geschlagen, der rituelle Erweckungs- und Schutztanz geglückt und die Mauerziehung gegen den Einbruch geschlossen ist, in dem gleichen Augenblick wird im wahren Sinne des Wortes die Rückseite des Geschehens sichtbar. Der Feind ist draußen, der Kreis geschlossen – und der Mensch eingefangen in das Rundgefängnis seiner Individualität. Er sitzt in der Retorte. Der Geist ist nun glücklicherweise nicht »ausge-

---

23 J. W. v. Goethe, Orphische Urworte.

fahren«, sondern festgehalten. Aber nur wer weiß, was lebendige Alchemie ist, versteht, dass die Umkochung in der Retorte die innere Analogie zu dem ist, was die Alchemisten vom Außen zu fürchten hatten – Verbrennung auf dem Scheiterhaufen bei lebendigem Leibe zwecks Rettung der Seele. Die Ketzerei, die lebendige Seele retten zu wollen, führt in das verzehrende Feuer der Gottheit, außen oder innen. In dieser Situation, in der die Träumerin in schwerem Leiden und mit wirklich heroischer innerer Anstrengung sich den Einbrüchen des Innen und seinem Wandlungsgeschehen anpassen muss und dies nicht nur aushält, sondern als Erkennende und Handelnde diesen Kampf kämpft – in dieser Situation weist plötzlich dieses rätselhafte Selbst, das als weiße Frau und negative Nonne fordert und warnt, als Madonnenbild sich offenbart, als höhnisches Gesicht mit Schizophrenie droht, seinen gütigsten und gnadenreichsten Aspekt.

Das Symbol der Goldenen Blüte, die hier als Mitte des Rundbaus, als Zentrum der Individualität der Träumerin auftaucht, braucht nach den Ausführungen C. G. Jungs[24] nicht weiter erörtert zu werden. Verweilen möchte ich nur noch etwas bei der zauberhaft bewegten Wandlungssymbolik, in der haltende Hand und Blüte, Traum-Ich und Selbst, sich als Shiwa und Shakti umspielen.

Das, was wir begrifflich als Paradoxie der Ich-Selbst-Beziehung zu fassen versucht haben, ist hier lebendige Wirklichkeit. Ununterscheidbar gehen hier Enthaltendes und Enthaltenes wechselseitig ineinander über. Wohl ist das Selbst als Mitte ein Symbol »im« Menschen, es wird konstelliert, gefunden, angenommen und vom Menschen als kostbarster Inhalt erfasst und gehalten, aber es wird auch ins Innere hineingenommen wie ein befruchtendes Äußeres, das sich im Aufnehmen entfaltet. Zugleich aber ist dies alles umkehrbar, und das Selbst ist auch als Haltendes ein Außermenschliches und Außerpersönliches, der Mensch aber ein Gehaltenes und Enthaltenes. Er ruht als Blüte in der Hand der Macht, die ihn sich entfalten lässt, um sich zugleich auch in ihm zu entfalten. Dabei kehrt die Komponente des Weich-Enthaltenden, der Zärtlichkeit und des Strömens, die wir dem Mütterlichen der Madonna zuzusprechen haben, hier auf höherer, um nicht zu sagen auf höchster Ebene wieder. Das heißt, in allen diesen Träumen handelt es sich um Manifestationen eines Selbst, dessen Symbolik und Ausdrucksweise weiblich-mütterlich betont sind.

---

24 Jung - Wilhelm, Das Geheimnis der Goldenen Blüte, 1948.

Natürlich ist auch die »Goldene Blüte« wie die Rose und der Lotos ein Symbol der Madonna, und – in die Zukunft weisend und den Kanon des weiblichen Selbst abrundend – taucht hier das Symbol der zentralen Neu-Kristallisierung im Kelchmittelpunkt auf. Es ist der »Dauerstern«[25], das Kleinod im Lotos, das göttliche Kind[26], dessen zentrale Geburt am Ende des Geschehens erscheint.

Wir müssen darauf verzichten, auf alle im engeren Sinne psychotherapeutisch–psychologischen Probleme einzugehen, ich möchte nur noch einmal auf das zentrale Bild der Madonna auf dem Drachen hinweisen.

Dass das weibliche Selbst hier als Madonna auf dem Drachen erscheint, ist das für das Zentralproblem der Ich-Selbst-Beziehung Charakteristische. In der mythisch-außermythischen Projektion dieses Selbst-Symbols kehrt auf höherer Ebene die gleiche Konstellation wieder, die wir als für die menschliche Situation typisch erkannt hatten. Das Menschliche ist mit dem Mythischen, die obere Geistseite mit der drachenhaften Materieseite unten zu einer Einheit verbunden. Weil die Versöhnung der Gegenseiten, die Einheit des Doppelaspektes das zu sein scheint, um das es bei der Offenbarung des Selbst geht, besitzt dieses Symbol Führungscharakter.

Erst im letzten Traum, in dem die Persönlichkeit in ihrer eigenen Enge sich gefangen hat, tritt die echte und zentrale Erfahrung des Selbst ein, erst hier kommt es zu der mystisch-erotischen Ich-Selbst-Beziehung des Weiblichen. Da, wo der moderne Mensch sich in seiner Zweideutigkeit und Zweifelhaftigkeit, in seiner menschlichen Unzulänglichkeit und Bedenklichkeit annimmt, d. h. wo er seine Doppelnatur realisiert, kommt er zur Begegnung mit dem Selbst, das alle diese Unzulänglichkeiten mit ihm zu teilen scheint, um doch in einer rätselhaften Weise wieder jenseits von ihm ganz und vollständig zu sein.

Der Begegnungsort von Mensch und Numinosem ist nicht dem körperlosen Geiste offen und nicht dem Tier, er liegt nicht im Unbewussten, aber auch nicht im Bewusstsein, das konstelliert die Paradoxie der Ich-Selbst-Beziehung, auf die wir immer wieder gestoßen sind. In dieser Ich-Selbst-Begegnung des Individuationsgeschehens aber wird, so scheint uns, ein Stadium erreicht, in dem das menschliche Dasein sich zeitweise, vielleicht auch nur momentweise, zu einer übermythischen und außermythischen Wirklichkeit erhebt.

In den Augenblicken, in denen die menschliche Persönlichkeit zu einem Sein oberhalb der Mächte gelangt, realisiert sich die schöpferische Ebenbildlichkeit

---

25 Vgl. J. W. v. Goethe, Faust.
26 Jung - Kerenyi, Einführung in das Wesen der Mythologie, op. cit.

des Ich mit dem Selbst. In dieser Situation, wie sie im Traum von Hand und Blüte deutlich wird, kommt es ebenso zu einer Überwindung der Subjekt-Objekt-Trennung wie zu einem Hinaustreten aus der psychischen Zeit-Raum-Konstellation und zu einer Überwindung des Gegensatzes von Einzelnem und mythischer Welt.

Diese Situation aber ist nicht nur als mystisch und außerwirklich zu bezeichnen, sondern ist in gleichem Maße zeit- und entwicklungsgebunden wie zeitlos und ewig. Sie ist bedingt durch das absolute Ernstnehmen der aktuellen menschlichen Wirklichkeit in der Zeit, durch das Standhalten, das Verstehen, Sich-Wehren und Sich-Halten des Ich – aber sie bedeutet ebenso ein symbolisches Leben des Individuums, bedeutet Geführtsein und Gewandeltsein durch ein übergeordnetes Zentrum. Auch hier gilt die Paradoxie der Ich-Selbst-Beziehung, von der gesagt werden muss, dass das Geschehen in ihr abhängig ist vom Ich und seiner bewussten Position, und von der ebenso gilt, dass gerade auch über das Nichtverstehen und Versagen des Ich die Wirksamkeit und sinngebende Direktion des Selbst sich durchsetzt.

Wenn wir den Ablauf der Träume von dieser Ich-Selbst-Konstellation aus zu verstehen suchen, müssen wir staunen, wie zentral dirigiert der Prozess erscheint – wenn wir ihn vom Ende aus übersehen –, aber wir befinden uns auch ratlos dem umgekehrten Phänomen gegenüber, welch entsetzlicher Gefährdung die Persönlichkeit ausgesetzt wird, und wie verhängnisvoll schmal der Grat ist, über den der Individuationsweg verläuft.

Konnte wirklich dem armen Ich der Träumerin keine andere Figur entgegentreten, als die verhängnisvoll überlegene Gestalt der »weißen Frau«? Wenn wir es, vom Ende ausgehend, verstehen, dann müssen wir sagen: nein. Die eigentliche Gefahr, die dieser Persönlichkeit droht, konstelliert sich in der »weißen Frau«, und erst mit ihrem Erscheinen wird diese Gefahr bewusstseinsfähig. Erst mit ihrem Auftauchen wird die Diskrepanz zwischen konstitutioneller Substanz und mystischer Persönlichkeitstendenz erfahrbar. Dann aber verläuft die Entwicklung in den Träumen sinnvoll und kontinuierlich, ausgehend vom individuellsten Konflikt und hinüberreichend bis zur überpersönlichen Erfahrung des letzten Traumes, dem Traum von der Goldenen Blüte, in dem sich die Ich-Selbst-Beziehung als Geschehen im außermythischen und übermythischen Raum offenbart.

Individualmythologie besagt eben, dass dem sich wandelnden und sich integrierenden Menschen auch ein sich wandelnder und sich integrierender Mythos

96

Flöte spielender Krishna unter Kobra-Baldachin

zugehört, in dem hinter der archetypischen Vielheitswelt die Einheitswirklichkeit des Selbst transparent wird und so eine außermythische Ebene auftaucht.

Dieses Außermythische, jenseits von mythischer Welt und Einzelnem, ist aber das, was wir anfangs als den »dritten Faktor« bezeichnet haben. Seine Wirksamkeit reicht in die mythische Welt ebenso wie in den mythischen Kern des Ich, und die Auseinandersetzung zwischen ihnen wird von ihm ebenso bestimmt wie ihr Endergebnis, die Individuation.

Aber gerade hier, wo es darum gehen müsste, die Existenz des Selbst in seiner Unabhängigkeit von der mythischen Welt und vom Einzelnen zu fassen, gerade da versagt die Möglichkeit unserer Darstellung und unserer Formulierung.

Deswegen mag es erlaubt sein, an das Ende unserer Betrachtung ein Bild zu setzen, dessen Faszination ich mich, seit ich es das erste Mal sah, nicht habe entziehen können.

Der Flöte blasende Krishna in der Schlange. Das mächtige Dasein der Urschlange, die mythische Welt, ist sein Fundament, es umgibt ihn und überdacht ihn in gewaltiger Wölbung. Aber diese Gestalt ist nicht mehr nur Krishna, der Gott, sondern sie ist ebenso der Mensch als Einzelner in seiner irdisch-göttlichen Doppelheit, der hier als Herz, Mitte und Frucht dieser Schlange erscheint, als ihr Sohn und ihr Meister. Aber auch damit ist noch nicht das Eigentliche seiner Existenz gefasst, die in diesem Stein Gestalt geworden ist. So wie er dasteht, ruhig angelehnt an die hinter ihm stehende Kuh, das Symbol der fruchtbaren Welt, ist sein Wesentliches, dass er all dies, Schlange und Kuh und sich selber transponiert und wandelt in eine neue und höhere Welt des Seins.

Diese andere und geheimnisvolle Welt aber ist die seines Spiels auf der Flöte. Denn das Leben dieses Steines ist die göttliche und unsichtbare Melodie dieser Flöte, von der nur gesagt werden kann, sie ist da und ist nicht da. Ihre geistig unsichtbare Wirklichkeit transzendiert die plastische Wirklichkeit Krishnas ebenso sehr wie die der Schlange; aber diese Melodie, von der die Schlange ebenso gebannt erscheint wie der Flötenspieler selber, ohne den doch diese Melodie niemals hätte erklingen können, diese Melodie ist das unsichtbare Dritte, dessen Dasein alles bestimmt.

Der mystische Mensch

I

Der Gegenstand unseres Interpretationsversuches ist nicht die Mystik, sondern der mystische Mensch. Unsere Bemühung gilt also nicht der Mystik im allgemeinen oder einer ihrer Erscheinungsformen im einzelnen, sondern dem Träger der mystischen Phänomene, dem Menschen. Das Verständnis der Mystiker, der extremen Exponenten des mystischen Prozesses, ist zwar eine unserer wesentlichen Aufgaben, aber mehr noch geht es uns um die Erfassung dessen, was das Mystische für den Menschen überhaupt bedeutet, sodass unsere Frage lautet: inwiefern ist das Mystische ein allgemein menschliches Phänomen und der Mensch ein homo mysticus.

Diese Klarstellung soll dem eine Enttäuschung ersparen, der erwarten sollte, bekannte oder unbekannte mystische Texte vorgelegt oder gedeutet zu bekommen. Eine weitere Enttäuschung mag es sein, dass die Definitionen der Mystik nicht um eine neue vermehrt werden; es ist nur zu hoffen, dass am Ende dieser Betrachtung verständlich geworden sein wird, was in unserem Zusammenhang der Terminus »mystisch« besagt.

Damit, dass wir uns als Ziel also nicht eine mystische Theologie, sondern eher eine mystische Anthropologie gesetzt haben, genügen wir einer doppelten Bescheidenheit. Die eine ist allgemeiner Natur. Die Grunderfahrung des modernen Menschen von der Relativität seines Standortes und seiner Auffassungssysteme verbietet ihm prinzipiell Aussagen über das Absolute, welche der Naivität früherer Zeiten erlaubt waren. Die zweite und spezielle Einschränkung liegt darin, dass der Erfahrungsbereich eines Psychologen das Menschliche umfasst, nicht weniger, aber auch nicht mehr, und dass es ihm deswegen nicht erlaubt ist, diese Grenzen seiner Erfahrung zu überschreiten. Diese doppelte Einschränkung wird aber dadurch mehr als ausgeglichen, dass der seelische Raum des Menschlichen als Raum des Anthropos für uns so groß geworden ist und unserem forschenden Bewusstsein so außerordentlich erscheint, dass wir fast verzweifeln müssen, seine Grenzen auszufinden, ob wir auch jegliche Straße abschritten, so tiefen Grund hat er.[1] Auf die Gefahr hin, allzu Bekanntes zu wiederholen, muss in diesem Zusammenhang noch einmal auf die Fülle dessen hingewiesen werden, was der Mensch früher als Welt außen erfahren hat, und was der moderne Mensch als Innen-Welt in sich erkennt.

---

1   Diels, Herakleitos von Ephesos, 1909, fragm. 45.

Nicht nur die Weltbelebung des primitiven Menschen mit seinen Mana-geladenen Orten und Tieren, Geistern und Dämonen und nicht nur die Götter des Heidentums haben wir als Projektionen des seelischen Innenraums erkannt. Die jüdisch-christlichen ebenso wie die außereuropäischen religiösen Welten mit ihren Hierarchien von Himmel und Hölle und allen ihren Bewohnern, Göttern und Geistern, Engeln und Teufeln, Erlöser- und Verführer-Gestalten ebenso wie die religiösen Mythen von den Ur- und End-Zeiten, von Schöpfung, Fall und Erlösung, sie alle sind uns durchsichtig geworden als Projektion von Erfahrungen im seelischen Innen-Raum des Anthropos. Dabei folgt diese Erkenntnis natürlich dem allgemeinen Gesetz, dass wir Inhalte leichter als. Projektionen durchschauen, mit denen wir nicht unbewusst und affektiv verbunden sind, sondern von denen nur unser Bewusstsein Kenntnis hat, und dass sie in dem Maße nicht als Projektionen durchschaut werden, in dem sie den affektgesättigten Tiefenschichten unseres eigenen Unbewussten entstammen.

Das Bild des Anthropos, der von den Kreisen der Himmel und Höllen umgeben ist, die seinem Innern entstammen, gleicht dem Mandalabild der alten Astrologie, welche den Menschen im Kreisbild seines Horoskops, das von den Sternbildern und Planeten seiner Geburtsstunde gebildet wird, zu verstehen suchte. Aber dieses Bild von der Stellung des Menschen im Kosmos wird, wenn erst einmal der Vorgang der Projektion durchschaut worden ist, viel komplizierter. Es verliert an Anschaulichkeit, was es an Dynamik gewinnt.

In unserer neuen Auffassung des Anthropossystems besteht eine dauernde Bewegung zwischen dem zentralen Anthropos, dem Menschen in der Mitte, und der Welt als seiner Peripherie. Die Welt ist der Träger der Projektionen des Unbewussten, und mit der Entwicklung des menschlichen Ich, das die Projektionen auf die Welt zurücknimmt und bewusst macht, verändert sich das Bild der Welt ebenso wie das des Menschen. Durch den fortlaufenden Wechsel der Bezogenheit von Mensch und Welt, der sich in einer entsprechenden Veränderung des Weltbildes äußert, kommt eine neue dynamische Komponente in das alte Mandalabild des Anthropos hinein; aber damit ist es nicht genug, denn auch von innen her steht der Anthropos in einem fortlaufenden Wandlungsprozess.

Dieser Prozess beruht auf Vorgängen zwischen Ich, Bewusstsein und Unbewusstem, das heißt darauf, dass die Persönlichkeit von ihrer eigenen offenen Mitte her, von der Spontaneität des schöpferischen Unbewussten, dauernd verändert wird. Die Ursache der Wandlungen innerhalb des Anthropossystems liegt also in der menschlichen Psyche. Der Punkt, von dem die schöpferische Bewegung ausgeht, die den Menschen und mit ihm die Welt verändert, bedingt die Inkonstanz von Welt und Mensch, die als existenzielle Gefährdetheit des Menschen erlebt wird.

Der Quellpunkt des schöpferischen Nichts, von dem die autonome, spontane und unbewusste Aktivität der schöpferischen Lebendigkeit der Psyche ausgeht, hat aber nicht nur seinen Ort im Seelenraum des Anthropos, sondern er bildet geradezu seinen Mittelpunkt.

Das Problem des schöpferischen Unbewussten, ein Zentralproblem der Tiefenpsychologie, ist gleichzeitig das Zentralproblem der Mystik und des mystischen Menschen. Da sich der schöpferische Prozess außerhalb des Bewusstseins abspielt und deswegen als eine Grenzerfahrung des Ich angesehen werden muss, ist jeder Versuch, sich diesem zentralen Urwirbel zu nähern, ein Unternehmen und ein Unterfangen. Es gehört zum Wesen eines solchen Wagnisses, dass sein Gegenstand nicht durch den direkten Zugriff des Bewusstseins begriffen werden kann, sondern dass die betrachtete Mitte in der Art eines rituellen Umgangs, in einem umkreisenden und einkreisenden Bemühen, von vielen Seiten her zu fassen versucht werden muss.

Die Situation der Psychologie ist deswegen so paradox, weil in ihr das Subjekt der Erkenntnis, das Ich als Zentrum des Bewusstseins, und das Objekt, die zu erfassende Psyche, miteinander verschränkt sind als Teilsysteme einer Persönlichkeit. Die Abhängigkeit dieser Systeme voneinander, ihre gegenseitige Durchdringung und ihre relative Selbständigkeit konstellieren wesentliche psychologische Probleme.

Der Versuch, das mystische Phänomen zu erfassen, stößt auf eine analoge Schwierigkeit. Auch hier ist der Mensch als Subjekt der mystischen Erfahrung mit seinem Objekt, in welcher Form ihm dies auch entgegentreten mag, untrennbar und paradox verbunden.

Indem wir von einer mystischen Anthropologie sprechen, das heißt einer Lehre vom mystischen Menschen als Teil einer allgemeinen Lehre vom Menschen, fassen wir den Begriff des Mystischen sehr weit und, wie man uns mit Recht vorwerfen wird, sehr unbestimmt. Wir erkennen das mystische Element nicht nur in der Religion und gewiss nicht nur in der ekstatischen Mystik des seelischen Innenweges. Das Mystische ist uns vielmehr eine Grundkategorie menschheitlicher Erfahrung, die, psychologisch gesprochen, überall da in

Erscheinung treten kann, wo die Systematisierung eines um das Ich zentrierten Bewusstseins noch nicht oder aber nicht mehr wirksam ist.

Wir finden das mystische Element in der seelischen Frühzeit, der Phase des Uroboros[2], dem psychologischen Stadium der Ursprungs - Einheit, in dem noch kein systematisiertes Bewusstsein existiert, und in dem das herrscht, was Levy-Bruhl als participation mystique bezeichnet hat. In dieser Situation der Vermischtheit von Mensch und Welt, Mensch und Gruppe und Ich und Unbewusstem äußert sich das mystische Element als Unabgelöstheit des Ich von den Nicht-Ich-Instanzen.

Für das ursprüngliche Weltgefühl ist in einem Einheitsakt das, was wir Welt-Außen mit dem, was wir Seele-Innen nennen, verschmolzen. Sterne und Bäume und Tiere sind psychisch dem unabgegrenzten Ich ebenso nah wie Clangenosse, Kind und Ahn, und ein geheimnisvolles Band verbindet Nächstes und Fernstes, Gottheit, Tierheit und Menschheit. Diese Bezogenheit ist deswegen so fließend, weil das Ich sich noch überall mit dem Nicht-Ich verwechseln kann.

Die unvollständige Abtrennung des Ich vom Nicht-Ich konstelliert die Vollkommenheit des uroborischen Ursprungszustandes, der als Archetyp der paradiesischen Ganzheit in der Menschheitspsyche lebendig ist. Dieses Bild eines verlorenen Früh und Kindheitszustandes ist für das Ich, das in seiner notwendigen Entwicklung einsam ist und leidet, das Symbol eines unersetzlichen Verlustes. Die Projektion dieses Bildes fällt natürlicherweise immer auf eine Zeit, die vor der Geburt des Ich liegt, das wesensmäßig Träger des Leidens und der Unvollkommenheit ist. Deswegen wird dieser Vollkommenheitszustand phylogenetisch an den Beginn der Menschheitsgeschichte gesetzt als Paradies des Anfangs, ontogenetisch auf den Beginn des Einzellebens projiziert als Paradies der Kindheit. Aber ebenso wie wir wissen, dass der Urzustand der Menschheit kein Rousseau'scher Natur-Zustand war, und das Leben der Naturvölker kein Dasein »glücklicher Inseln«, wissen wir, dass die Kindheit nicht paradiesisch und glücklich ist, sondern voller Probleme und Gefahren.

Aber die Wahrheit des Vollkommenheitsbildes der Ursprungssituation besteht als ewige Wahrheit, auch wenn wir die Projektion durchschauen, und auch wenn unsere Einsicht die Lehre der Theologien von dem Gefallensein des

---

2 Der Uroboros ist das Symbol der sich in den Schwanz beißenden Kreisschlange. Vgl. Verf.: Ursprungsgeschichte, op. cit. , 1949.

Menschen und der Welt, die auf der falschen historischen Projektion dieses Archetyps beruht, für einen Irrtum hält.

Es bleibt die Frage offen, was zu tun sei, damit das lebendige Bild des Vollkommenheitszustandes nicht die Menschheit vergifte. Denn immer wieder wird der mühsame Heldenweg des Ich ins Bewusstsein und ins Leiden gefährdet durch den Zauber, der von der Verführung ausgeht, den Vollkommenheitszustand einer ich-losen Unbewusstheit überhaupt nicht erst zu verlassen oder ihn wieder aufzusuchen.

Für den modernen Menschen ist das Dasein auseinandergetreten in Welt und Selbst, die als Außen und Innen den Stand des Ich in der Mitte umschließen. Diese Zweiteilung, die den Kulturmenschen bestimmt, ist erst mit der Entstehung des ordnenden und Gegensatz setzenden Bewusstseins in Erscheinung getreten, wie sich aus der Entwicklungsgeschichte des Bewusstseins nachweisen lässt.

Die Entwicklung der Menschheit ist grundsätzlich die Entwicklung zum Ich, zum Bewusstsein und zur Individualität. Jeder Schritt auf diesem Wege ist mühsam und leidvoll. Nur in langen Geschichtsprozessen ist es der Menschheit in der Nachfolge des wegbereitenden schöpferischen Menschen, des Großen Einzelnen, geglückt, ein relativ selbständiges Ich als Zentrum eines Bewusstseinssystems zu entwickeln und in mühseligen Differenzierungsprozessen Instanzen auszubilden, welche die menschliche Persönlichkeit als Einheit und als Individualität konstellieren.

Die Entwicklung zum Ich, zur Individualität und zum Bewusstsein steht aber in einem unausweichlichen Gegensatz zum Unbewussten. Bewusstseinsbildung und Ich-Festigung sind nur möglich im Kampf mit den verschlingenden Mächten des Unbewussten, d. h. aber auch nur bei einer Loslösung vom Uroborosstadium des Paradieses der ungespaltenen Einheit und Vollkommenheit. So ist der große Heldenweg der Menschheit – denn trotz aller Unvollkommenheit ist es ein Heldenweg – der Weg zur Klarheit und zur Unterscheidung, zur Differenzierung und zur verantwortlichen Bewusstheit des Ich.

Der Weg des menschlichen Ich ist zwar ein Weg *zum* Bewusstsein, aber er ist von Anfang an kein Weg *im* Bewusstsein. Immer ist es die Beziehung des Ich zum Unbewussten und zu einer durch die Projektion unbewusster Bilder veränderten Welt, welche dem Menschen aufgegeben ist. Der Kampf, Untergang und Sieg des Ich in der Auseinandersetzung mit dem Unbewussten ist der Prozess, durch den Bewusstsein entsteht; das Ich hat sich den Mächten des Nicht-Ich auszusetzen, um seinen eigenen Standort zu etablieren und zu erweitern.

Ein Teil dieser Auseinandersetzung ist durch die männliche Tat des Ich zu leisten, das seinen Standort im Bewusstsein nicht verlässt, sondern sich der unbewussten Inhalte bemächtigt, sie in den Bewusstseinsbezirk hineinzieht und sie dort verarbeitet, d. h. die Inhalte begriffsfähig macht, sie in analytischer Arbeit zerlegt und systematisch zum Neu-Aufbau des bewussten Weltbildes verwendet.

Dieser Teil der Auseinandersetzung ist aber – trotz alledem – der leichtere. Das, was die Gefahr der Auseinandersetzung und damit die Natur des Ich als eines Helden-Ich konstelliert, ist der Gang in die Tiefe des Unbewussten als Begegnung mit dem Nicht-Ich.

Die Entwicklung des Ich und des Bewusstseins ist, soweit es sich um einen fortschreitenden Entwicklungsprozess in der Menschheit handelt, angewiesen auf das Schöpferische, das heißt auf die Spontaneität des Nicht-Ich, das sich im schöpferischen Prozess offenbart, und das seinem Wesen nach numinos ist. Die Begegnung mit dem Numinosen bildet die »andere Seite« der Bewusstseinsentwicklung, und sie ist ihrem Wesen nach »mystisch«.

Die Entstehung und Entwicklung der menschlichen Persönlichkeit, ebenso wie die Bildung und Entwicklung des Bewusstseins, fußen auf in unserem Sinne mystischen Prozessen, die zwischen dem Ich als Träger des Personalen und dem numinosen Transpersonalen spielen. Nur der moderne abendländische Mensch kann in seiner Ich-Starre und Bewusstseinsverschlossenheit die existenzielle Angewiesenheit des Menschen auf das ihn mystisch Verändernde verkennen, von dem her er lebt und das in ihm und als er schöpferisch wird.

Der schöpferische Prozess ist dadurch ausgezeichnet, dass das Ich in ihm nicht seine Position im Bewusstsein festhalten kann, sondern sich der Begegnungserfahrung mit dem Nicht-Ich ausliefern muss. Das Ich gibt damit teilweise die ihm bekannte Bewusstseinswirklichkeit auf, und es kommt zu einer Begegnung des Ich mit dem Nicht-Ich, in welcher der Gegensatz von Welt, Ich und Selbst aufgehoben ist, und die wir als mystisch bezeichnen, wo wir sie auch antreffen.

Um die paradoxe Wirklichkeit zu erfahren, die vor, außer oder hinter der Polarisierung von Welt und Selbst vorhanden ist, muss sich die Persönlichkeit – wenn auch nur vorübergehend – verändern und eine Haltung einnehmen, welche die Möglichkeit einer Einung von Ich und Nicht-Ich offen lässt.

Jede Erfahrung eines Numinosen, in welcher Gestalt dieses auch immer das Ich antritt, ist mystisch. Deswegen führt die Begegnung mit ihm immer zu einer Erschütterung der Gesamtpersönlichkeit und nicht nur zu einer des Bewusstseins. Bei jeder Konfrontierung des Ich mit einem Numinosen kommt es zu einer Situation, in der das Ich »außer sich« gerät, aus seinem Bewusstseinsgehäuse herausfällt, herausgerissen wird oder heraustritt, um nur in veränderter Gestalt wieder »zu sich« kommen zu können.[3]

Die Begegnung mit dem Numinosen ist die Grundlage für das In-Erscheinung-Treten des schöpferischen Nichts-Punktes im Menschen, der »Nichts« ist als ein Jenseits des Bewusstseins. Dies In-Erscheinung-Treten kann den Charakter der Epiphanie haben und außen als Numen dem Menschen gegenübertreten; sein schöpferisches Produkt heißt dann Offenbarung. In diesem Sinn reicht der Kreis der Offenbarung weit über den Bezirk der Religionsgeschichte hinaus, denn für den die psychische Wirklichkeit ernst nehmenden Primitivmenschen ist all das, was wir beschreibend »Einfall« oder »Gedanke«, »Idee« und »Inspiration« nennen, »offenbart«. Nicht nur Religion, Kult und Ritual, auch Kunst und Moral sind entstanden aus dem in der Begegnung mit dem Numinosen Offenbarten.

Während der mystische Charakter der religiösen Offenbarung dem modernen Menschen geläufig ist, verkennt er allzu oft, dass das gleiche Phänomen in jedem schöpferischen Prozess wirksam ist und auf diese Weise das Dasein der Menschheit bestimmt.

Vergessen wir nicht, der mystische Mensch ist zwar als religiös zu bezeichnen, indem sein Leben bewusst oder unbewusst in dauernder Auseinandersetzung mit dem Numinosen steht, aber er muss keineswegs ein gottgläubiger Mensch sein. Gerade die Einsicht in den Umfang und die Ubiquität des mystischen Phänomens innerhalb der Menschheit zeigt, dass es theistische und atheistische, pantheistische und panentheistische, aber auch materialistische und

---

3 Psychologisch formuliert besitzt der numinose Inhalt eine die Fassungs- und Verarbeitungskraft des Bewusstseins übersteigende, gleichzeitig aber faszinierende Mannigfaltigkeit. Diese Mannigfaltigkeit manifestiert sich z. B. in den Gegensätze enthaltenden Symbolgruppen, die mit jedem Archetyp verbunden sind. Dass der numinose Inhalt kraft seiner Verbundenheit mit dem psychischen Hintergrund auch eine das Bewusstsein übersteigende energetische Ladung besitzt, macht ihn »überwältigend« und führt zu all den Phänomenen, die R. Otto (Das Heilige, 1917) am Numinosen beschrieben hat.

idealistische, extravertierte und introvertierte, personale und transpersonale Formen mystischer Erfahrung gibt. Die experimentelle Erfahrung Gottes als heiliges Abenteuer stellt nur eine bestimmte Form der Hochmystik dar, ist aber keineswegs die verbreitetste und viel leicht nicht einmal die bedeutsamste. Aber allen mystischen Formen ist die Intensität der Erfahrung gemeinsam, die dazu führt, dass der revolutionär-dynamische Impetus des psychischen Geschehens das Ich aus dem Gefüge seines Bewusstseins herausstößt, und dass das Numinose immer als Antipode des Bewusstseins erscheint.

Das Numinose ist für jedes Bewusstsein und Ich das »Ganz-Andere«, es ist unbestimmbar und frei. Die psychologische Kategorie der Autonomie, den die Komplexlehre[4] dem unbewussten Inhalt zuspricht, bezieht sich auf die unheimliche Wirklichkeit des Numinosen, dass es un-bedingt ist und dem Ich damit seine fast totale Angewiesenheit auf ein unbestimmbar Mächtiges und Übermächtiges stets neu demonstriert.

Dass das Numen immer am Gegen-Ort des Bewusstseins erscheint und so seine Unfestlegbarkeit erweist, ist der Ausgangspunkt für die Unsicherheit des menschlichen Ich-Standpunktes ebenso wie für die Möglichkeit einer schöpferischen Revolution der menschlichen Persönlichkeit. Denn neben der Offenbarung und der schöpferischen Leistung, die als Leistung der Kultur für die Spezies Mensch charakteristisch ist, steht als dritte und entscheidende Erscheinungsform der mystischen Begegnung von Ich und Nicht-Ich die Wandlung.

Im Prozess der Begegnung mit einem Numen findet eine Veränderung statt, die dem geschieht, dem das Numen erscheint, die aber auch das Numen selber mit umfasst. Die beiden Pole des Geschehens, das wir als mystisch bezeichnen, das Ich ebenso wie das Nicht-Ich, werden gewandelt in einem Prozess, in dem die Abgrenzung zwischen ihnen von beiden Seiten her aufgelöst wird.

Die Epiphanie des bis dahin Verborgenen ist nicht nur auf das Vorhandensein eines Ich angewiesen, dem es erscheinen kann, sondern mehr noch auf den Akt der Zuwendung und Hinwendung dieses Ich, auf seine Fähigkeit, sich ergreifen zu lassen und auf seine Bereitschaft, das zu sehen, was erscheinen will. Die Menschheit ist der Partner des Numinosen, denn nur und gerade in der Menschheit kann sich die numinose Epiphanie entfalten. Der Entwicklungsgeschichte der Menschheit zugeordnet ist eine Entwicklungsgeschichte der Erscheinungsformen des Numinosen, das – analog zur Menschheit – aus der

---

4 Vgl. u. a. C. G. Jung: Allgemeines zur Komplextheorie, in: Über psychische Energetik, op. cit.

anonymen Unbewusstheit und Ungeformtheit heraustritt und als Numen und als Gestalt sichtbar wird im Wandel der Formen.

Umgekehrt ist das menschliche Bewusstsein angewiesen auf die Spontaneität des Numinosen. Beide Angewiesenheiten werden innerhalb dessen ausgetragen, was wir menschliche Persönlichkeit nennen. In diesem Sinne hat das transpersonale Numinose seinen Ort im Menschen und nur in ihm, als dem Ort der mystischen Begegnung von Ich und Nicht-Ich. Die Realität dieser Begegnung gehört zu den Grundgegebenheiten des menschlichen Daseins, und wenn wir den Prozess dieser Begegnung und Verwandlung von Ich und Nicht-Ich als mystisch bezeichnet haben, dann ist die mystische Kategorie eine Grundkategorie menschlicher Erfahrungsweisen.

Die Wandlung der Persönlichkeit durch das Auftreten des Numen löst das Ich aus seinem alten Bewusstseinssystem ebenso wie aus seiner alten Bezogenheit zur Welt, aber der Preis für die Verbindung mit dem unbekannten Numen, das die Möglichkeit des Schöpferischen in sich schließt, ist die Aufgabe der Sicherheit, welche die Bewusstseinsorientierung bietet, und das Eintreten in die grundsätzliche Paradoxie des Mystischen.

Es handelt sich bei der mystischen Begegnung mit dem Nicht-Ich für das Ich immer um eine Grenzerfahrung, denn das erfahrende Ich bewegt sich jedes Mal auf etwas hin, das außerhalb seines Bewusstseins und seiner rational aussagbaren Welt liegt. Dieser außerhalb des Bewusstseins liegende Ort ist zwar von der durch ihn veränderten Gesamt - Persönlichkeit her gesehen der schöpferische Punkt par excellence, vom Bewusstsein her gesehen aber ist er der Punkt des Nichts. Dieser schöpferische Punkt des Nichts im Menschen ist der Tempel und Temenos, die Quelle und das Paradies, er ist, wie es in der kanaanitischen Mythologie[5] heisst, der Mittelpunkt, wo El, der große Gott, sitzt, »an, dem Ursprung der Ströme, in der Mitte der Quelle der zwei Meere«. Er ist aber auch der Mittelpunkt des Mandala[6] mit allen seinen Symbolen, der Ort, von dem man ebenso sagen kann, er sei der Ort der Gottheit, wie er sei der des Anthropos, er ist der Bezirk, wo mystische Theologie und mystische Anthropologie zusammenfallen.

Diese Erfahrung vom schöpferischen Nichts im Menschen ist die Ursprungserfahrung, welche zur Projektion des Bildes einer Schöpfung aus dem

---

5   W. F. Albright, Archeology and the Religion of Israel, 1942
6   Vgl. Jung-Wilhelm: Das Geheimnis, op. cit, 1929. C. G. Jung: Psychologie und Alchemie, op. cit. u. a., 1944.

Nichts geführt hat, die ja nicht nur die jüdisch-christliche Theologie lehrt, sondern die in jeder mystischen und schöpferischen Erfahrung lebendig erneuert wird. Der Punkt des schöpferischen Nichts steht im Zentrum der mystischen Anthropologie als Teil einer Tiefenpsychologie, die mit dem Wesen des schöpferischen Prozesses beschäftigt ist, er steht gleichzeitig aber im Zentrum aller mystischen Erfahrung, die um das Verborgensein der Gottheit kreist. In diesem Kern des Geschehens, der als solcher unbekannt ist, aber als die tiefste Quelle des schöpferischen Lebens vom Menschen erfahren wird, erfährt sich der Mensch selber als mystisch.

Die analytische Psychologie nennt diesen Kern das Selbst und gerät damit zutiefst in die paradoxe Wahrheit von der Ebenbildlichkeit von Gott und Mensch, denn das Ich ist nicht das Selbst, aber die Persönlichkeit erfährt in der Individuation sich nicht mehr oder nicht mehr nur als Ich, sondern zugleich als Nicht-Ich, das Ich Selbst heißt. Um diesen Punkt der Verborgenheit kreist auch die Aussage des Mystikers, der leidend um den psychischen Atomkern des Selbst herumgeschleudert wird, der unerreichbar bleibt, selbst wenn das Ich sich in ihn hineinstürzt, der paradox in der Zeitlosigkeit bleibt, obgleich er die Zeit zu konstituieren scheint, der als Transpersonales die Mitte der Person ist und in seiner Numinosität das Wesen des Menschen ausmacht.

Wo diese Paradoxie – Paradoxie für die Erfahrung des Ich-Bewusstseins, nicht aber für die der lebendigen Persönlichkeit – ins Bewusstsein tritt, gerät der Mensch in die gefährliche Paradoxie seiner eigenen Tiefe. Er gerät in das unendliche Problem der Verwechslung, das die Tiefenpsychologie eigentlich ist, und in der die Frage des »Wer ist wer« sich als Kernfrage stellt, die oft genug über Leben und Tod, Gesundheit und Wahn entscheidet. Zu der ewigen Antwort des Ostens »Das bist du« und ihrer Umkehrung »Das bist du nicht« ist sie die ebenfalls ewige Frage des Westens.

In jedem Falle aber, wo eine Begegnung mit dem Numinosen statthat, kommt es zu einem Erfasstwerden des Ich durch das Nicht-Ich, das heißt zu einer Wandlung und Persönlichkeitsveränderung; diese Persönlichkeitsveränderung kann eine augenblickshafte Ergriffenheit oder eine dauernde Wandlung sein, sie kann in Gestalt eines geordneten Prozesses ablaufen, aber auch als anscheinend richtungsloser chaotischer Einbruch blitzhaft einschlagend die Persönlichkeitsstruktur verändern oder zerstören, sie kann als religiöses, als Liebes-Erlebnis, als künstlerisch-schöpferischer Prozess, als Idee oder als Wahn auftreten – überall, wo das mystische Element in Erscheinung tritt, wird die bis dahin gültige Gegebenheit und Festigkeit einer um das Ich geordneten Welt durchbrochen, und der Aspekt eines dynamisch veränderten und sich verändernden Welt-Hintergrundes leuchtet auf.

Ob die Offenbarung das Aufbrechen eines Geheimnisses der Gottheit, der Welt oder der Menschheit ist, ist für diesen Zusammenhang sekundär. So kann z. B. derselbe Baum als Sitz der Gottheit verehrt werden, als Weltbaum symbolisch das Geheimnis der Seelenwelt darstellen, er kann aber auch als Welt des Naturgesetzes ein Leben wissenschaftlicher Arbeit erfüllen oder im Gedicht und im Bild das Numen widerspiegeln, das er ist. All dies sind nur verschiedene Aspekte des numinosen Welt-Inhaltes »Baum«, den wir deswegen als Archetyp bezeichnen, weil ihm zu begegnen heißt, in einen mystischen Akt der Ergriffenheit und Wandlung einbezogen zu werden.

So erfahren ist die ganze Welt numinos, jeder Ort, jedes Ding, jede Situation und jedes Lebewesen, denn sie sind ihrer Möglichkeit nach Träger von »Funken«, wie es der Chassidismus[7] nennt, an denen sich die menschliche Persönlichkeit entzünden und erleuchten kann. Dass die Welt und ihr Inhalt aber numinos sind, ist nur deswegen wahr, weil der Mensch seiner Natur nach ein homo mysticus ist.

Es mag zunächst so scheinen, als ob wir zwar manches über den homo mysticus gesagt hätten, aber wenig über den Menschen, den man allgemein als »Mystiker« zu bezeichnen pflegt. Aber abgesehen davon, dass wir später nachholen werden, was wir jetzt versäumen, müssen wir noch einmal auf das hinweisen, was wir anfangs gesagt haben. Erst die Einsicht in die allgemeine mystische Natur des Menschen ermöglicht uns ein Verständnis des Hoch-Mystikers, und erst die Erkenntnis des dialektischen Prozesses zwischen dem Numinosen und dem Menschen lässt uns den Ort ausfindig machen, an dem die Erfahrung des Mystikers einzuordnen ist.

Die große Spannung, welche durch die Trennung der Systeme Bewusstsein und Unbewusstes innerhalb der menschlichen Psyche entsteht, und auf der die Menschheitskultur aufbaut, ist reduzierbar auf die grundsätzliche Spannung von Ich und Selbst. Dabei ist das Selbst mit der archetypischen Vollkommenheitssituation des Uroboros verbunden als der Ursprungssituation vor der isolierten Ich-Existenz, das Ich aber mit dem Bewusstsein als dem Organ der Differenzierung und der Erfahrung in der Einzelheit.

---

7   Vgl. M. Buber, Die chassidischen Bücher, 1927.

Die Menschheitsentwicklung verläuft, so sagten wir, in Richtung auf die Erweiterung des Bewusstseins und auf die Stärkung des Ich, andererseits aber ist sie angewiesen auf das mystische Phänomen, den schöpferischen Prozess der verwandelnden Begegnung des Ich mit dem Nicht-Ich. Die Synthese dieser doppelten Bewegung ist die Zuordnung der Entwicklungsgeschichte des Bewusstseins zu der Entwicklungsgeschichte der Erscheinungsformen des Numinosen.

Jede Erfahrung des Numinosen führt mit der Herauslösung des Ich aus der Bewusstseinsmitte zu einer Annäherung an die Ursprungssituation und damit zu einer mehr oder weniger eingeschränkten Form der Erfahrung des Selbst. Diese Tatsache ist die Grundlage der primitiven Religionen. Dass in allem und jedem das Numinose und, auf höherer Ebene, das Numen eine Gottheit oder die Gottheit, für die Erfahrung des Menschen sichtbar werden kann, spiegelt sich in den animistischen, dämonistischen, polytheistischen und monotheistischen Formen der Menschheits-Religionen. Wenn wir sagen, es handle sich bei diesem Phänomen um eine Erfahrung des Selbst, wenn auch um eine eingeschränkte, dann meinen wir damit, dass für das Ich, obgleich es in dieser eingeschränkten Form das Nicht-Ich erlebt, trotzdem eine Erfahrung der Totalität der Psyche numinos wirksam wird.

Die Zuordnung ist auch hier die, dass der eingeschränkten Form des Nicht-Ich eine ebenso eingeschränkte Form des Ich entspricht. Die Überwältigung des kleinen Ich durch die numinose Erfahrung z. B. des Baumes, der das Ich als Baum-Geist anspricht, ist ebenso stark und die Totalität der Psyche wird durch sie in ebendem Maße in Bewegung gesetzt, wie wenn ein umfangreicheres Bewusstsein und ein stärkeres Ich von der Epiphanie einer Gottheit betroffen werden.

Die psychologische Symptomatik der Erfahrung des *numinosen* Selbst können wir hier natürlich nicht geben. Sie ist immer verbunden mit dem Rauschzustand eines veränderten und gesteigerten Persönlichkeits-Gefühls, mit einer Veränderung der Ichposition und des Bewusstseins und mit einer veränderten Bezogenheit auf die Welt und das Kollektiv.

Da Erfahrung des Numinosen immer Erfahrung des Selbst und der »Stimme« ist, welche Neu-Offenbarung bringt, kommt das davon erfasste Ich notwendigerweise in einen Gegensatz zum Dogma des herrschenden Bewusstseins und dessen Instanzen. Die schöpferisch-mystische Erfahrung steht ihrem Wesen nach in Opposition zu der herrschenden Moral des Kulturgewissens, zu der herrschenden Religion und zu den herrschenden Bewusstseins-Inhalten des Kulturkanons, das heißt, sie ist prinzipiell revolutionär und häretisch. Man kann sagen, überall, wo ein »gegebenes«, ein Objekt gewordenes Numen verehrt wird, ist der charakteristische Bezug des Ich zum Nicht-Ich, der das mystische Phänomen ausmacht, aufgehoben. Darum geht die große Anstrengung aller mystischen Richtungen dahin, die traditionellen Religions- und Begehungsformen aufzulösen, was häufig als eine »Erneuerung« der alten Religionsform getarnt wird. Die echte Grunderfahrung des Numinosen kann nicht anders sein als antikonventionell, anti-kollektiv und anti-dogmatisch, denn sie ist Neu-Erfahrung des Numinosen.

Deswegen ist jede Mystik, die Erfahrung dogmatisch festgelegter und festlegbarer Inhalte ist, entweder Niedermystik oder getarnte Mystik. Niedermystik ist sie, wenn eine dem Kultur-Kanon und dem religiösen Dogma nicht gewachsene Persönlichkeit von einem der archetypischen Inhalte des Kanons überwältigt wird und ihn mystisch erfährt. So wenn z. B. ein archetypischer Inhalt des christlichen Kulturkanons von missionierten Negern mystisch erfahren wird, wobei die mystische Erfahrung alle Symptome der Primitivmystik zeigt. Auch dies ist »echte« Mystik, aber sie ist als Niedermystik zu bezeichnen, weil die Phänomenologie der mystischen Erfahrung dem archetypischen Kulturkanon gegenüber regressiv ist. Diese Form der Niedermystik, die nicht selten auftritt, wo ein höherer Kulturkanon einer bewusstseinsmäßig unentwickelten Menschengruppe auferlegt wird, ist jedoch weniger bedeutsam als das Phänomen der getarnten Mystik.

Jede Geschichte der Mystik zeigt, wie oft der Mystiker, der sich nicht der Gefahr der Häresie und damit meist des Todes aussetzen wollte, zu einem Kompromiss gedrängt wurde, und wie er seine mystische echte Erfahrung bewusst oder unbewusst re-dogmatisierte, das heißt an die Zwangsform des herrschenden Dogmas anpasste. Da die mystische Erfahrung weitgehend archetypisch fundiert ist, sollte man erwarten, dass die Aussagen der Mystiker miteinander übereinstimmen. Wenn wir die psychologische Auswirkung und die Veränderung der Persönlichkeit ins Auge fassen, finden wir eine solche Übereinstimmung in der Tat, aber im Inhaltlichen stoßen wir immer wieder auf den Sieg des herrschenden Dogmas. Selten finden wir echte indische Symbolik in der katholischen Mystik und umgekehrt. C. G. Jung hat an Bruder Claus[8] und Loyola[9] diese Redogmatisierung deutlich gemacht.[10]

Fraglos hat die Gefahr der Häresie die Mystiker überall in der Welt in die Einsamkeit getrieben, der antikollektive Charakter ihrer Erfahrung und ihre typologisch oft extrem einseitige Introvertiertheit haben dann das Übrige dazu getan, dass von einem so großen Teil der Mystiker Weltverachtung und Weltflucht gepredigt wurde. Es kann uns nicht genügen, diese Phänomene reduktiv und personalistisch zu deuten, obgleich die mystische Weltfeindlichkeit ebenso wie die damit zusammenhängende zum Zölibat drängende Weibfeindlichkeit der Mystiker größte Ähnlichkeit mit uns bekannten Symptomen der Neurose besitzt. Aber wenn wir bereits beim Neurotiker Plus- und Minus-Neurosen unterscheiden und sich uns die personalistisch reduktive Deutung als unzureichend erwiesen hat, dann gilt dies umso mehr für ein geistesgeschichtlich so bedeutsames Phänomen, wie es die Mystik ist.

Obgleich wir zu einem umfassenden Verständnis der Zusammenhänge erst im zweiten Teil unserer Betrachtung gelangen werden, ist einiges schon hier darüber zu sagen. Die Entwicklung zum Ich und Bewusstsein führt in jedem Sinn zur Vereinzelung, sie führt zur Einsamkeit und zum Leiden des Ich, aber in ihrem Extrem führt sie auch zur Vereinzelung einer überspezialisierten Bewusstseins-Erfahrung, zum sich Verlieren ans Nur-Einzelne und zu einem abgespaltenen nur ich-haften Dasein, dem die Erfahrung der großen Zusammenhänge des Lebendigen, die Verbindung zum schöpferischen Nichts-Punkt und die Möglichkeit der mystischen Erfahrung abhanden gekommen ist. Das neurotische Extrem einer ichstarren Bewusstseinsverschlossenheit ist der Gegenpol zum primitiven oder neurotischen Zustand eines ichlosen und unbewussten Daseins.

Die Intention des Mystikers, die Welt, die Vereinzelung und das Ich loszuwerden und mit seinem Verschwinden im schöpferischen Nichtspunkt die

---

8 C. G. Jung: Bruder Claus. Neue Schweizer Rundschau, 1933.

9 C. G. Jung: Vorlesungen in der ETH Zürich 1939/40.

10 Die Kabbala scheint darin übrigens eher eine Ausnahme zu bilden. Nach der Darstellung Scholems (Major Trends in Jewish Mysticism, 1941) ist das Auftauchen archetypischer gnostischer Symbolik, die also im Gegensatz zum jüdischen Bewusstseins-System steht, überaus deutlich. Dass und warum im Judentum der Strom echter antidogmatischer Mystik von der Frühzeit der Apokalypse bis zur Spätzeit des Chassidismus nicht versiegt ist, kann uns hier nicht beschäftigen.

Einheitserfahrung des Selbst und der Ganzheit, die Vollkommenheit und das Paradies wiederzugewinnen, ist die verständliche Gegenbewegung zu der Entwicklung des Ich in die Einsamkeit des Bewusstseins.

Aber hier wie überall existiert eine Rangordnung der Phänomene. Wie wir als niedere Stufe eine somnambulische Form des schöpferischen Prozesses, der Kunst und der Prophetie kennen, gibt es auch eine somnambule Form der Mystik. Ebenso wie aber die Hochformen des Schöpferischen und der Prophetie erst als Synthesen aus einer gesteigerten Spannung von Ich und Unbewusstem entstehen, scheint uns, im Gegensatz zu der geläufigen Auffassung, auch die Hochform der Mystik die Synthese einer gesteigerten Spannung zwischen Ich und Selbst zu sein. Deswegen ist ein adäquater Zugang zur Mystik nur dann möglich, wenn wir in ihr die verschiedenen Formen und Grade der Bezogenheit des Ich auf das Nicht-Ich und auf das Selbst unterscheiden und werten.

Ein Versuch, die Erfahrung des mystischen Menschen als Ausdruck der verschiedenen Bezogenheit des Ich zum Selbst zu verstehen, muss an einer Psychologie orientiert sein, welche die verschiedenen Phasen des Ich und des Bewusstseins in ihrer Entwicklung aus dem Unbewussten berücksichtigt und auf diese Weise über ein Koordinatensystem verfügt, in welchem die mannigfachen Formen der Ich-Selbst-Bezogenheit des Menschen eingetragen werden können.

Eine derartige, an der Bewusstseinsentwicklung orientierte Interpretation des mystischen Menschen ermöglicht es, entwicklungsgeschichtliche Früh-, Hoch- und Endformen der Mystik zu unterscheiden. Diese Rangordnung bezieht sich sowohl auf Altersstufen der Menschheitsentwicklung, innerhalb deren das Ich-Bewusstsein ja erst im Laufe langer Zeiten entstanden ist, wie auf Altersstufen des Individuums, das den Spuren dieser phylogenetischen Entwicklung in der Ontogenese seiner eigenen Entwicklung in großen Zügen wenigstens nachfolgt.

Es lassen sich archetypische Phasen der Bewusstseinsentwicklung der Menschheit nachweisen[11], an denen zu erkennen ist, dass und wie sich der Bewusstseinskeim aus seinem ursprünglichen Enthaltensein im Unbewussten herauslöst, um schließlich zu der Selbständigkeit und Eigenständigkeit zu kommen, die unsere Persönlichkeit mit ihrer Trennung in ein Bewusstseinssystem und ein Unbewusstes charakterisiert.

Die Ursprungssituation des Anfangs ist vom Archetyp des Uroboros und der Großen Mutter beherrscht, denen ein kindliches Ich und Bewusstsein zugeordnet ist. Der Uroboros als das Symbol des umschlingenden Unbewussten, das

---

11 Vgl. zum Folgenden: Verf.: Ursprungsgeschichte, op. cit.

den noch keine Selbständigkeit besitzenden Ichkeim enthält, ist der psychologische Zustand einer menschlichen Frühzeit, die wir nur als Grenzerfahrung kennen. Er ist in der Mythologie, aus Gründen, die hier nicht darzustellen sind, mit allen Symbolen der Vollkommenheit ausgestattet. Er ist das Pleroma, das Runde, das Paradies und der vorgeburtliche Ort, vorgeburtlich, das heißt vor Geburt des Ich und des Bewusstseins, zugleich aber damit vor Spaltung, Konflikt und Leiden.

Die Sehnsucht, in diesen Zustand zurückzukehren, nennen wir den uroborischen Inzest. Inzest, weil der Uroboros diesem unentwickelten Ichkeim gegenüber auch als Mutter-Archetyp auftritt, und die Sehnsucht des Ich die ist, in den Uroboros ein- und in ihm aufzugehen.

Diese Phase bestimmt das Dasein der frühesten Menschheit und gehört ontogenetisch zur frühesten Kindheit.

Aber auch die nächste Phase eines erstarkenden Bewusstseins steht noch unter der Herrschaft des Unbewussten, das nun die archetypische Figur der Großen Mutter annimmt. Die Auseinandersetzung mit dem Mutterarchetyp, der, so weit er die festhaltende Kraft des Unbewussten darstellt, als furchtbare und verschlingende Mutter auftritt, beherrscht die Entwicklung der Kindheit und ersten Jünglingszeit in der Menschheit und beim Einzelnen.

Diese Phase endet mit dem Drachenkampf, der ontogenetisch der Pubertät zugeordnet ist. Im Drachenkampf gelingt dem Ich, das damit zum Helden-Ich wird, die Überwindung der furchtbaren Seite des Unbewussten, der uroborischen Mutter. Welterlterntrennung und Drachenkampf, Lichtgeburt und Wiedergeburt, Freiwerdung des Ich und des Bewusstseins und Erwerbung der »oberen« Männlichkeit sind die Archetypen, die zu dieser Phase als fester Kanon gehören.

Das Helden-Ich grenzt sich gegen die Mächte des Unbewussten ab, und die Hoch-Zeit der menschlichen und individuellen Kulturentwicklung beginnt. Mit der Entstehung des Gegensatzprinzips durch die »Trennung der Ureltern« kommt es nicht nur zur Trennung der Systeme Bewusstsein-Unbewusstes und zur relativen Selbständigkeit des Ich-Bewusstseins-Systems. Der Drachenkampf ist zugleich ein Einweihungs- und Wiedergeburts-Mysterium, und das in ihm verwandelte Ich ist Sohn der Gottheit, Geist-Wesen und hat die »obere« Männlichkeit erlangt. Erst nach dieser Wandlung ist das Ich im Stande, Kultur-Träger und erwachsenes Glied der Sozietät zu sein. Dabei ist es gleichgültig, ob der Drachenkampf auf dem Tagesbogen der Extraversion auftritt, das heißt als

115

Besiegung eines äußeren Feind-Drachens, in den der Archetyp projiziert wird, oder ob die Besiegung eines inneren Drachens auf dem Nachtbogen der Introversion in einer Einweihung oder im individuellen Innengeschehen geleistet wird. Beide Kämpfe sind typische Wiedergeburtskämpfe, wie C. G. Jung seinerzeit nachgewiesen hat.[12]

Den Abschluss des Drachenkampfes bildet die Gewinnung der schwer erreichbaren Kostbarkeit, die das Symbol der eigenen schöpferischen Wandlung ist, und der Hieros Gamos, die Sakral-Ehe mit der aus der Gewalt des Drachens befreiten Gefangenen, der Anima. Das Auftreten des Liebesmotivs, das seine personale Verwirklichung auf der individuellen Ebene in der Partnerbeziehung besitzt, geht aber über die personale Ebene weit hinaus, denn der Archetyp des Hieros Gamos bestimmt die Hochphase der Menschheit und des Menschen als Motiv der schöpferischen Vereinigung der Gegensätze.

Der männliche Partner dieser Sakral-Ehe ist immer und nur der Held als oberer Mensch. Der Ehevollzug ist wie im Mythos und Ritual »Ursache« und »Vor-Bild« der Fruchtbarkeit der Welt, das heißt des schöpferischen Lebens in dieser Welt. Diese Fruchtbarkeit des Schöpferischen, die als Schöpfungsgebot »seid fruchtbar und mehret euch« für alle Phasen des Lebens gilt, setzt aber Spaltung und Differenzierung, das heißt Polarisierung der Gegensätze, außen wie innen, voraus. Nur ein ichfestes männliches Bewusstsein kann mit der Anima, nur ein durch Einweihung zu seiner »höheren« Form gelangtes Männliches mit dem Weiblichen fruchtbar sein.

Die End- und Reifephase der Menschheits- und der Persönlichkeitsentwicklung, die über die Hoch-Zeit der Herrschaft des Ich-Bewusstseins hinausgreift, ist die der Persönlichkeitswandlung und -integration, wie sie im Individuationsprozess sichtbar wird. Auch sie ist im Mythos vorgebildet, und zwar in der archetypischen Gestalt des Osiris. Entsprechend der Sonnenlaufbahn der Bewusstseinsentwicklung, die in der Entfaltung der Lebensalter in jedem Individuum sich wiederholt, bildet die Individuation das Ende des Tagesbogens. Über der Wandlung des Horus-Sonnen-Ich dieser Phase steht Osiris als »Erster der Westlichen«. Am Todes und Endpunkt der Sonnenbahn empfängt Osiris als Selbst den Ich-Horus-Sohn zur Osirifizierung, zur Wandlung ins Selbst. Viele Aussagen der ägyptischen Mythologie und des Königsrituals beschreiben die paradoxe Beziehung von Ich und Selbst, Horus und Osiris. Das Geheimnis des Mysteriums, das heißt »Ich und der Vater sind Eins«, steht auch über dieser

---

12 C. G. Jung: Symbole der Wandlung, op. cit.

Endphase der Wandlung, die Individuation heißt und die den Tod des Ich und den Lebensabschluss krönt.

Die analytische Psychologie unterscheidet drei große Abschnitte der Persönlichkeitsentwicklung. Jeder Abschnitt ist durch die Herrschaft der gleichen archetypischen Gruppe charakterisiert, welche die Phasen der Menschheitsentwicklung bestimmt. (Selbstverständlich sind die Lebensphasen der individuellen Entwicklung nicht bestimmten Jahresdaten zuzuordnen, sondern nur ungefähren Jahresgruppen. Die von uns genannten Zahlen bilden nur die Gipfel der Phase, die sich über Jahre erstreckt.)

Die Früh- und Kindheitsentwicklung, die Zeit, in der das Ich und das Bewusstsein aus seinem totalen Enthaltensein im Unbewussten sich allmählich löst und zu seiner Selbständigkeit und Systematisierung kommt, schließt mit der Pubertät, das heißt ungefähr mit 18 Jahren ab. Die Lebens-Hoch-Zeit reicht vom Ende der Pubertät bis zum ca. 54. Jahr, wenn wir ihr eine Doppelperiode von 18 Jahren zuordnen. In ihrer Mitte läge dann der Punkt der Lebensmitte und Lebenswende um das 36. Jahr. Schließlich hätten wir die Lebensendzeit, deren Abschluss der Tod bildet. Dies ergibt, auf eine Achse eingetragen, eine ungefähre Vierteilung. An ihrem Anfangs- und Ostpunkt steht das völlige Unbewusstsein des Vor-Ich-Stadiums, in die Hoch-Zeit des Erwachsenseins tritt ein ausgebildetes Bewusstsein, in dessen Mitte das Ich steht, das eingebaut ist in den Kulturkanon der Werte, die ihm seine Gruppe und Zeit vorschreiben. Die Differenzierung in die Systeme Bewusstsein-Unbewusstes ist hier so weit fortgeschritten, dass das Ich sich fast ganz mit dem Bewusstsein identifiziert und das Unbewusste eben als Unbewusstes außerhalb seines Blickfeldes liegt und abgetrennt bis abgespalten ist. Dieser Abschnitt, der von der Pubertät bis zum Klimakterium reicht, ist bestimmt durch die Symbolik des Drachenkampfes und den zu ihm gehörenden archetypischen Kanon: Selbstverwandlung, Wiedergeburt, Drachentötung, Hieros Gamos, Eroberung der Kostbarkeit und Gründung des Reiches. In den zweiten Teil dieser Phase, der ungefähr mit der Lebensmitte beginnt, fällt dann eine allmählich immer stärker werdende Umwertung, in der die alten Werte der ersten Lebenshälfte verblassen und mit dem Aufsteigen neuer Inhalte aus dem Unbewussten der Wandlungsprozess der zweiten Lebenshälfte sich durchsetzt.[13]

Die Endphase, die Altersentwicklung, die unter dem Zeichen des Osiris steht, führt dann endgültig aus der Differenzierung zur Integration, von der

---

13 Vgl. u. a. C. G. Jung, Die Lebenswende, in: Wirklichkeit der Seele, 1934.

Herrschaft des Ich, als dem Zentrum des Bewusstseins, zu der des Selbst, als dem Zentrum der Persönlichkeit, und aus der Spaltung in die Systeme Bewusstsein-Unbewusstes zu ihrer neuen Synthetisierung.

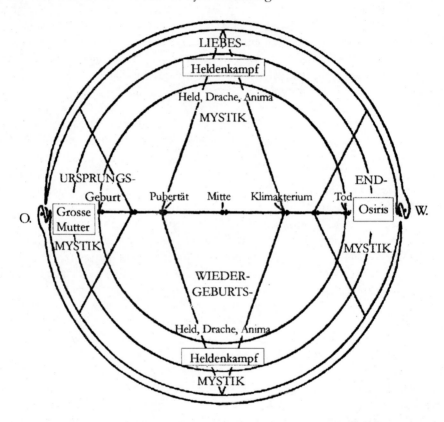

Ebenso wie der Geburt des Ich eine Vor-Ich-Phase vorgeburtlicher Welt als Grenzerfahrung vorangeht, liegt nach dem Tod des Ich eine Nach-Ich-Phase. Auch sie wird der Persönlichkeit nur als Grenzerfahrung sichtbar. Ihr zugeordnet ist das Wandlungsmysterium, für das der Mythos des Osiris-Horus und die Archetypen des ägyptischen Königs- und Toten-Rituals vorbildlich sind.

Vom begrenzten Standpunkt des Ich-Bewußtseins aus gesehen, schließen sich der pleromatische Raum der Vor-Ich-Zeit mit dem pleromatischen Raum der Nach-Ich-Zeit zusammen im Symbol eines uroborischen Kreises, der das Leben numinos umgibt, und in dem sich Anfang und Ende begegnen.

Wenn wir den Lebensweg der Persönlichkeit von der Geburt bis zum Tode und vom völligen Enthaltensein im Unbewussten bis zur Integration der Endphase betrachten, sehen wir, dass sie in ihrem Wandlungsgang archetypische Zonen durchschreitet, welche das Leben in natürliche Lebensphasen gliedert.

Die vom Ostpunkt aufsteigende und zum Westpunkt abfallende Sonnenbahn des Ich durchschreitet gesetzmäßig einen bestimmten Ausschnitt des archetypischen Sternenhimmels des kollektiven Unbewussten. Aber das psychokosmische System, mit dem das sich wandelnde Ich es hier zu tun hat, reicht weiter, denn oberhalb und außerhalb des Sternenhimmels der archetypischen Bilder befindet sich der uroborische Raum des vorgestaltlichen und gestaltlosen Pleroma, das als kosmischer Nebel der Gottheit den Seelen-Innenraum des Anthropos als unbestimmt Numinoses und als göttliches Nichts erfüllt.

In der Begegnung des Ich mit dem Archetypischen, den Numina und dem pleromatisch ungestalteten Numinosen, haben wir das Wesen des Mystischen zu fassen versucht. Wenn wir nun den weiteren Versuch machen, die verschiedenen Formen der Mystik den verschiedenen Lebensphasen des Menschen zuzuordnen, dann tun wir das nicht, um einem ordnenden und systematisierenden Bedürfnis zu genügen.

Das mystische Phänomen ist immer – so sagten wir – abhängig von dem, dem es erscheint, die Epiphanie des Numen abhängig von der Entwicklungsstufe der Persönlichkeit, und der Offenbarungsumfang, in dem sich das Numen manifestieren kann, bedingt durch den Umfang der Persönlichkeit, der die Offenbarung geschieht.

Die Gestaltwerdung des Numinosen vom Unbestimmt-Anonymen zum Numen und zum Sprechend-Einmaligen ist der Entwicklung des Menschen zugeordnet, die vom unbewusst-Anonymen zum Bewussten und Einmaligen führt.

Das diffuse Numinose manifestiert sich im Raum des Anthropos zunächst als ein unbewusstes Zentrum, das – wie im Organischen und wahrscheinlich darüber hinaus – als differenzierende und zentralisierende Gewalt das Lebendige in Kompensation und aufsteigender Organisation dirigiert. Im Menschen aber führt die Lebendigkeit der unbewussten Ganzheit, die wir deswegen als

Zentroversion bezeichnen, zur Bildung eines neuen Zentrums, eines Filial-Zentrums, nämlich des Ich. Dieses Ich steht – aus vielen hier nicht auszuführenden Gründen – in der Ebenbildlichkeit des Selbst. Dem Ich tritt das schöpferische Numen als Fülle einer in steigendem Maße gestalteten Welt außen und innen gegenüber. Die Erfahrung dieses gestalteten Numen ist eine zentrale Aufgabe für das Ich, das als Zentrum des Bewusstseins im Wandel seiner Phasenentwicklung zu immer neuen Stadien dieser Erfahrung gelangt. An ihrem Ende steht die Individuation, in der das Ich zur bewussten Begegnung mit dem Selbst oder, wie man auch formulieren könnte, zur Selbstbegegnung kommt.

Ein kühner jüdischer Satz sagt: »Gott und Mensch sind gleichsam Zwillinge«.[14] Es wird unsere nächste Aufgabe sein, wenigstens anzudeuten, wie in den Phasen der Lebensmystik diese Zwillingsnatur sich auswirkt als fortlaufende Wandlung des mystischen Menschen.

II

Die mystische Begegnung von Ich und Nicht-Ich wird durch den Einbruch des uroborisch-pleromatischen Seins in den menschlichen Lebensraum konstelliert. Oder, umgekehrt formuliert, überall, wo es zum mystischen Phänomen kommt, stößt das Ich durch den archetypischen Himmel bis zur uroborisch-pleromatischen Seinssphäre durch. Wie in jedem Mandala Peripherie und Zentrum in dem Sinne auswechselbar sind, dass die Ganzheit sowohl im Zentrum wie im äußersten Umfang des Umfassten erkannt werden kann, so kann auch hier die uroborisch-pleromatische Seinssphäre ebenso als umgebender Himmelsozean der Gottheit und als umgebende Kugel gesehen, wie als schöpferischer Punkt des Nichts ins Zentrum des Menschen verlegt werden. Auch bei der mystischen Begegnung des Ich mit dem Numinosen gilt das »Versinke denn, ich könnt' auch sagen, steige«. Ekstase und Durchstoßen zum pleromatischen Himmel ist das Gleiche wie Abstieg und Eintauchen in den schöpferischen Zentralquell.

Die Einbrüche des gestaltlosen oder gestalteten Numen erfolgen aber, wenn wir von den ihrer Natur nach schöpferischen Menschen absehen, gehäuft an den Phasenpunkten, an denen eine archetypische Dominante, das heißt ein

---

14 Talmud Sanhedrin 46 b.

Numinoses, die jeweilige Ichform des Menschen zu einer Wandlung zwingt. Derartige Phasen und Durchgangspunkte sind, wie wir sahen, in der menschlichen Psyche angelegt, ihre Erfahrung führt normalerweise zu einer Persönlichkeitsveränderung und zu einer mit ihr konform gehenden Verwandlung des Ich und des Bewusstseins.

Wenn wir formuliert haben, der Mensch sei seiner Natur nach ein »homo mysticus«, so bezieht sich das darauf, dass die natürliche Phasenentwicklung mit ihren archetypischen Begegnungen die innere Entwicklung jedes Menschen mystisch prägt, auch ohne dass er davon weiß. Diese Prägung geschieht in einer Anzahl von Wandlungskrisen der Persönlichkeit, die analog zu denen des menschlichen Organismus durch die gesetzmäßige Einschaltung von psychischen Organen, von Archetypen, bestimmt werden.

Unser Interpretationsversuch geht nun dahin, die verschiedenen Formen der Mystik nach ihrer Zuordnung zu den Phasen des Lebenskreises zu charakterisieren.

In diesem Sinne unterscheiden wir eine Früh- oder Ursprungs-Mystik, eine Hoch-Mystik des Drachenkampfes und der Lebensmitte und eine End- und Todes-Mystik. Das für uns wesentliche Kriterium ist dabei die Ich- und Bewusstseins-Stufe des Menschen, dem das mystische Phänomen zustößt, oder wie man abkürzungsweise sagen kann, seine Ich-Phase. Erst von ihr aus lässt sich dann, was die Grenzen unseres Versuches überschreitet, das einzelne mystische Phänomen psychologisch deuten und werten.

Die Frühphase der Mystik, die Ursprungsmystik, ist die Mystik des Primitiv-Menschen und der Kindheit. Aber weder die Primitiv-Mystik der menschheitlichen Urzeit, welche die Frühstufe der Religion bestimmt, noch die ihr entsprechende Mystik der Kindheit kann von uns berücksichtigt werden. Dies ließe sich nur anhand einer Tiefenpsychologie der Kindheit darstellen, zu der erst Ansätze vorhanden sind. Immerhin wissen wir, dass die Kindheit voll von mystischen Erfahrungen ist. Die Herrschaft des Numinosen und der archetypischen Numina des kollektiven Unbewussten ist in dieser Lebensphase besonders stark, weil die nach außen und innen vorhandene Offenheit der kindlichen Persönlichkeit, die noch kein festes Ich hat und über kein systematisiertes, geschweige denn über ein abgeschlossenes Bewusstsein verfügt, der Welt des Transpersonalen noch voll ausgesetzt ist.

So lebt das Kind noch ursprungsnahe und »im Großen«. Die archetypische Erfahrung seiner mythologischen Apperzeption wird erst allmählich sekundär personalisiert, das heißt auf das Ich bezogen und auf die Umwelt projiziert.[15]

Die wesentlichen Interessen und Inhalte dieser Frühphase der Menschheit und des Kindes erscheinen als Motive der Schöpfungs-Mythologie, es sind Antworten auf die Fragen nach dem Woher und Wohin des Lebens. Zum Verständnis der schon personalistisch verformten Inhalte dieser Phase und ihrer Beziehung zur Entwicklung des Kindes hat die psychoanalytische Forschung viel beigetragen. Aber ihr personalistisches Vorurteil hat sie weitgehend verhindert zu sehen, dass hinter den kindlichen Projektionen aufs Personale, die einer späteren Ich-Phase angehören, die Welt der Archetypen lebendig ist. Von dieser Welt aber wird das kindliche Dasein gespeist, und der mystische Umgang mit den »großen Figuren« des Hintergrunds ist in der kindlichen wie in jeder Frühzeit lebendig. Die Erfahrungen der Ursprungs-Mystik gehen weit über Einzelerlebnisse an Archetypen hinaus.

Gerade die Begegnung mit der Ganzheit, dem Selbst, ist ein Wesenszug der Kindheit, wie u. a. die Beobachtung der Kinderzeichnungen mit der Fülle von Mandalazeichnungen, die für sie charakteristisch sind, wahrscheinlich macht. Deswegen bildet die kulturnotwendige Loslösung vom Selbst und die Entwicklung zum Ich, die das Kind leisten muss, eine seiner größten Schwierigkeiten.

Der schicksalsmäßige Einfluss der Kindheit und ihrer frühmystischen Erfahrungen auf die spätere Entwicklung der Menschen kann uns hier nicht beschäftigen, doch auch hier schon bewahrheitet es sich, dass die Phasenpunkte des Lebens immer auch Lebens-Krisenpunkte sind.[16]

Normalerweise kehrt das Ich, wenn es zu einer Erfahrung des Numinosen kommt, gewandelt durch diese Erfahrung in den menschlichen Lebensraum zurück, wobei seine Gesamtwandlung ein erweitertes Bewusstsein mit einschließt. Aber es besteht auch die Möglichkeit, dass das Ich der Attraktion des Numinosen unterliegt und, wie ein chassidischer Satz das formuliert, »aus der Schale springt«. Dies kann als Tod in der Ekstase, als mystischer Tod, auftreten, aber auch als Erkrankung, als Psychose oder schwere Neurose. Wenn wir von so gearteten Erlebnissen der frühen Kindheit, die den Ichkern und seine Entwicklung schädigen, und deren krankmachende Wirkung erst im späteren

---

15 Vgl. Verf.: Ursprungsgeschichte, op. cit. , II. Teil.
16 Vgl. Verf.: Leonardo da Vinci und der Mutterarchetyp, in: Umkreisung der Mitte, Bd. III, Kunst und schöpferisches Unbewusstes.

Leben sichtbar wird, absehen, kennen wir als Phasenstellen: Pubertät, Lebensmitte und Klimakterium, die Punkte gehäufter neurotischer und psychotischer Erkrankungen sind.

Immer, wenn das Ich aus der mystischen Erfahrung in den menschlichen Lebensraum gewandelt zurückkehrt, handelt es sich um innerweltliche Wandlungsmystik; falls das Ich aber aus dem menschlichen Lebensraum herausgerissen wird, oder wenn es die Tendenz hat, ihn zu verlassen und sich ihm prinzipiell zu entfremden, handelt es sich um eine nihilistisch-uroborische Mystik, die ganz anders zu bewerten ist. Entscheidend für diese Orientierung ist also die Haltung des Ich *nach* seiner mystischen Erfahrung. Ein Mystiker, der alle Phasen des Introversionsweges der Mystik bis zum Nichtspunkt geht, aber von diesem schöpferisch, das heißt weltpositiv, wiederkehrt, gehört zur innerweltlichen Wandlungsmystik. Er mag dabei einsam im Gebirge leben oder das Nichts predigen, wenn er nur glaubt, damit die Welt positiv zu beeinflussen, ist er ein Repräsentant der Wandlungsmystik.

Im Gegensatz dazu gehört eine große Anzahl »in der Welt lebender« und möglicherweise sogar Liebe predigender religiöser Mystiker in ihrer Weltnegierung zur nihilistisch-uroborischen Mystik. Die uroborische Mystik lehnt mit der Welt auch den Menschen, das Ich und das Bewusstsein ab. Sie verneint mit der Erfahrung einer differenzierten Welt, als einer kreatorisch gestalteten Welt, auch die Differenzierung des Bewusstseins und die Persönlichkeitsentwicklung, damit aber die Gestaltungsmacht des kreatorischen Prinzips im Menschen.

Die antikosmische Tendenz des uroborischen Mystikers ist nihilistisch, weil sie im Gegensatz zur Wandlungsmystik Desintegrationsmystik ist. In ihrem Nihilismus verwandelt sich der schöpferische Nichtspunkt zum Schlund-Schoß der furchtbaren Mutter, die das kaum Geborene schon wieder in ihren Todesschoß zurücksaugt, ohne es erst zum Leben und zu seiner Eigenständigkeit kommen zu lassen.

Dagegen liegt es im Sinne des Schöpferischen, die Welt zur Gestalt, das Unbewusste zum Bewusstsein, das Anonyme zur Individualität zu führen und von einem ich- und bewusstseinslosen uroborischen Weltsystem zu einem um das Ich-Bewusstsein anthropozentrisch geordneten Kosmos fortzuschreiten. Die Zentroversionstendenz[17] als die Äußerung des unbekannten, schöpferischen Selbst, führt das Ich und das Bewusstsein aus dem Unbewussten heraus, und erst das in die Spaltung und Differenzierung geratene Ich-Bewusstsein setzt

---

17 Vgl. Verf.: Ursprungsgeschichte, op. cit.

sich dann heldisch mit der Außen- und Innenwelt auseinander, um sie kraft seiner Festigkeit zu synthetisieren und zu integrieren. In diesem schöpferischen Prozess werden nicht nur die Welt und der Mensch bejaht, sondern auch das Ich und der Geschichtsprozess in der Zeit, denn Entwicklung heißt Geschichte als Schicksal des Einzelnen und des Kollektivs.

Der uroborische Mystiker nihilisiert dies alles, ohne sich dessen bewusst zu sein, dass er damit das Schöpferische selber negiert. Psychologisch bleibt er an den uroborischen Vor-Lebens-Stand, an die Vollkommenheit des totalen Unbewussten, fixiert, das heißt an das vor-weltliche, vor-ichhafte und vor-bewusste Dasein eines embryonalen Ich. Vom Bild dieses vorgeburtlichen Paradieses aus denunziert er die wirkliche Welt. Der pleromatisch-uroborische Vor-Lebens-Stand übt eine derartige Faszination aus, weil er die Lust des Paradieses der Ungeborenen bietet, er entspricht einer Situation, in der die Spannung zwischen Bewusstsein und Unbewusstem nicht mehr, oder besser noch nicht, vorhanden ist. Auf dieser Spannung zwischen Bewusstsein und Unbewusstem beruht zwar die Energetik allen psychischen Lebens und aller bewussten Erfahrung, aber sie ist auch als Erkenntnis von gut und böse die Ursache allen Zweifels und allen Leidens.

Wenn wir den uroborischen Mystiker in diesem Sinn als »infantil« bezeichnen, beschreiben wir damit nur einen psychologischen Tatbestand. Seine Sehnsucht ist die der Rückkehr in einen mütterlichen Schoß, der ihn aufnehmen soll. Er will das Vorhandensein des Schöpferischen, das Gestaltung, Konflikt und Leiden bringt, rückgängig machen, um im göttlichen Schoß des Nichts selig nicht vorhanden zu sein.

Die Welt-Angst und Welt-Unfähigkeit des Introvertierten ist beim uroborischen Mystiker zur asketischen Weltverneinung geworden, wobei die eigene minderwertige extravertierte Seite die Farbe und den Geruch liefert, mit denen die Welt zur Hölle gemacht und an den Teufel ausgeliefert wird. Der uroborische Heilige und Gnostiker leben wirklich in einer gottverlassenen und gottentfremdeten Welt. Da ihnen nicht geglückt ist, ihre eigene Schatten- und Anima-Seite bewusst zu machen, ist ihnen auch eine Erfahrung der schöpferischen Gottheit unmöglich, denn der Gott-Schatten und die Gott-Anima sind als teuflischer und als weiblicher Aspekt mit der göttlich-schöpferischen Wirksamkeit wesensmäßig verbunden. Die verdrängten Instanzen, Schatten und Anima, werden nun aber auf die Welt projiziert, von der diese Heiligen deswegen behaupten, sie sei des Teufels und der Maja.

Weil sie nicht das Schöpferische und Abgründige der Gottheit anzunehmen bereit sind, erklären sie die Welt für gefallen, verschuldet, gesunken, verführt, getäuscht und verdorben. Sie wollen es nicht wahrhaben, dass Leben und Schöpfung in der Polarität und Spaltung geschehen müssen, zu der auch der Teufel, das Böse, die Schuld, die Sünde und der Tod gehören. Deswegen setzen sie den vor-weltlichen, pleromatischen Seinszustand als den »eigentlich wahren« an und versuchen, das Ich im mystischen Auflösungsprozess, im Uroboros-Inzest, umzubringen. Nicht eine Integration der Gegensätze, welche das schöpferische Leben ausmachen, wird angestrebt, sondern eine Desintegration und Regression. Letzten Endes halten sie die Schöpfung und das Schöpferische für einen Irrtum, und ohne es voll zuzugestehen, wissen sie es besser als der Schöpfer.

Eine große Anzahl uroborischer Mystiker gehört der Niedermystik an, das heißt, es sind Menschen mit einem pathologischen oder fragmentarischen, primitiven oder leicht umwerfbaren Ich. Bei ihnen ist die Besessenheit, Ekstase, Inflation, Depression oder Psychose nicht Ausdruck der Überwältigung eines reifen Ich oder gar einer überdurchschnittlichen Gesamtpersönlichkeit durch das Numinose. Auch ein Hochmystiker kann an dem Versuch der Integration seiner Tiefenerfahrung scheitern. Den Niedermystiker aber konstelliert die Minderwertigkeit seines Bewusstseins und nicht der Überwältigungscharakter des Numinosen. Deswegen finden wir bei den Trägern der uroborischen Mystik häufig Psychopathen des Ich, während die Wandlungsmystik immer eine betonte Ich-Entwicklung und eine starke Integrationstendenz der Persönlichkeit voraussetzt.

Der uroborische Mystiker steht, ohne es natürlich zu wissen, unter der Dominanz gerade des Archetyps, den er am meisten ablehnt und fürchtet, nämlich unter der Dominanz der furchtbaren Mutter.[18] Die Phänomenologie dieser Situation können wir hier nicht geben. Aber gerade der fressende, auflösende, schwächende und teuflisch heimtückische Charakter, den der uroborische Mystiker auf die – deswegen selbstverständlich-weibliche – Weltnatur projiziert, ist das, was ihn von innen her überwältigt. Seine Pseudo-Wendung zur Gottheit und seine Ab-Wendung von der Welt sind Ausdruck einer Fixiertheit an die Ursprungssituation. Hinter seiner Weltfeindlichkeit wird die Kastration durch die Große Mutter sichtbar. Durch seine »Sehnsucht zurück« wird ihm die männlich aktive und heroische Bewusstseinshaltung

---

18 Verf.: Ursprungsgeschichte, op. cit.

geraubt, die für ein schöpferisches Leben in dieser Welt notwendig ist. Das gerade, von dem er voller Angst sich außen abwandte, hat ihn im Innern erreicht.

Wir haben diesen Typ des Mystikers deswegen ausführlicher behandelt, weil er allzu oft und mit Unrecht als Typ des mystischen Menschen überhaupt angesehen wird. Außerdem aber lassen die anderen Phasen-Typen der Mystik, die wir kurz skizzieren wollen, sich am Gegensatz zum uroborischen Mystiker leichter verdeutlichen.

Was die uroborische Mystik vermeiden will, spielt in der Drachenkampf-Mystik die entscheidende Rolle: das Annehmen des Lebens in dieser Welt. Das Leben in der Entzweiung und im Konflikt ist schöpferisch und wird deswegen bejaht.

Die psychologische Grundtatsache, dass das Ich- und Bewusstseins-System vom Selbst und von der Ganzheit der Psyche abgetrennt und selbständig geworden sind, wird theologisch projiziert in den Mythos vom Abfall des Menschen von Gott und vom Abfall der Welt vom Urzustand. Diese Lehre ist zwar eine Wahrheit, aber sie ist nur eine pädagogische und vorläufige, das heißt keine sehr tiefe Wahrheit. Die Autonomie des Ich birgt zwar immer Gefahren, aber sie ist zugleich die Chance der Menschheitsentwicklung, denn sie ermöglicht erst das Realisieren der schöpferischen Ebenbildlichkeit von Mensch und Gott.

Die Ich-Verselbständigung und Bewusstseinssystematisierung wäre ein Abfall vom Selbst, wenn nicht diese Entwicklung notwendig und vom schöpferischen Selbst gewollt wäre. In Wirklichkeit fällt nicht das böse menschliche Ich vom göttlichen Selbst ab, sondern umgekehrt, das Selbst lässt das menschliche Ich allein. Aber hier gilt die Deutung des Baal-Schem-Tow, des Begründers der chassidischen Bewegung, zu dem Satz: »Mit Gott ging Noah.« Dort heißt es am Ende: »Darum, wenn sich der Vater von ihm entfernte, wusste Noah: Das ist, damit ich gehen lerne«.[19]

Die Wiedervereinigung des Getrennten, das heißt *die Individuation*, ist nur möglich, wenn das Ich sich nicht regressiv hat auflösen lassen, sondern zunächst das voll tut, was seiner Bestimmung entspricht.

Die Voraussetzung der Drachenkampfsituation ist das Annehmen der Tatsache der Weltspaltung, des Weltwiderspruches und der Paradoxie des Lebens in dieser Welt durch das Ich. Im Gegensatz zu dem falschen Monismus der uroborisch-weltfeindlichen Mystik ist hier die Voraussetzung ein Lebensdualismus

---

19 M. Buber: Des Baal-Schem-Tow Unterweisung im Umgang mit Gott, 1927, S.45.

als Eingespanntsein in die Polarität, die das Leben des Bewusstseins, aber auch ein ethisches Dasein erst ermöglicht.

Ein Wesenszug des Drachenkampfes, der auch den Inhalt der Einweihungs- und Pubertätsriten bildet, ist die Vereinigung des Ich mit dem »oberen Menschen«, mit der Gottheit, oder mit dem Ahn, durch welche die »göttliche Natur« des Helden konstelliert wird, als Voraussetzung und Ergebnis des Drachenkampfes. Helden- und Wiedergeburtsmythos gipfeln in der mystischen Begegnung von Ich und Selbst, welche ein göttlich verstärktes Ich, ein selber numinos gewordenes Ich entlässt, das als solches das Leben in der Welt als Kampf zu bestehen hat. Diese mystische Begegnung setzt aber gerade auch ein starkes und der Begegnung ebenbürtiges Ich und Bewusstsein voraus. Die faktische Winzigkeit und anscheinende Ohnmacht des Ich gegenüber der riesenhaften Numinosität des Unbewussten entspricht der faktischen Winzigkeit und anscheinenden Ohnmacht des Menschen gegenüber der Welt. Dieser Standort des Winzigen zwischen den Riesen ist aber kein Beweis für das Nicht-in-Ordnung-Sein einer gefallenen Welt oder für die Herrschaft eines bösen demiurgischen Prinzips. Sich dem Goliath gegenüber als David zu erweisen und trotz der faktischen Überlegenheit der Daseinsmächte sich als gottebenbildlichen Weltmittelpunkt und als Sitz des schöpferischen Prinzips zu wissen, das gerade ist die Tat des Helden-Ich. Indem das Helden-Ich schöpferisch die Welt wandelt, beweist es, dass das Wohnen des Numinosen nicht nur im Menschen, im Anthropos, statthat, sondern auch im gottebenbildlichen Ich, als dem Träger der schöpferischen Scheidung und Entscheidung.

Erst in der Erfüllung der Forderung, eine erhöhte Spannung zwischen Ich und Selbst auszuhalten, wird die Ebenbildlichkeit des Schöpferischen erreicht. Am Kreuz dieser Spannung zu leiden, ist eine der Aufgaben des Helden-Ich. Erst indem das Ich von seiner eigenen Position ausgehend sein Bewusstsein und mit ihm seine Persönlichkeit erweitert, macht es auch eine erweiterte Manifestation des Nicht-Ich und der Welt möglich. Das schöpferische Numinose kommt gerade über das Ich und seine heldische Festigkeit zu immer umfangreicheren Manifestationen.

Wir müssen die Heldenmystik in ihrem ganzen Umfang verstehen, um zu begreifen, was sie für die Entwicklung der Menschheit bedeutet. Alles Schöpferische ist mystisch, denn das Individuum ist schöpferisch allein durch seine Begegnung mit dem Numinosen, dem Nichts-Punkt des Schöpferischen im Innenraum.

Aber damit, dass das Schöpferische weltformend und zeugend ist, ist es seinem tiefsten Wesen nach weltbejahend. Die Heldenmystik ist Mystik der Berufung und des Auftrags, der Weltformung und -umformung. Dabei ist es unwesentlich, ob sich die Begegnung im Religiösen oder im Künstlerischen, im Tun außen oder der geheimen Persönlichkeitswandlung innen manifestiert. Immer ist der Held der »Große Einzelne«, der groß ist, weil er die Ebenbildlichkeit des schöpferischen Anthropos in sich verwirklicht.

Darum gehört ursprünglich zum König als dem Vorbild des Großen Einzelnen und Helden der archetypische Kanon von Weltschöpfung, Neujahr, Thronbesteigung und Drachenkampf. Deswegen sind für die Heldenmystik Welterneuerung wie Reichsgründung Symbole des schöpferischen Auftrags, und die Welt und die Geschichte Manifestationsorte des Numinosen, das in immer neuen Offenbarungen und mystischen Begegnungen seine Auserwählten wandelt und durch sie die Welt erneuert.

Wenn wir behaupten, der Umfang der Manifestation des Numinosen sei in der Hochphase der Wandlungsmystik an die Festigkeit des Ich und seines Bewusstseins gebunden, so scheint es, als ob wir damit eine große Zahl von Mystikern, die man gerade als *die Mystiker* anzusehen pflegt, ausschlössen und sie als uroborische Mystiker negativ werteten. Wenn dem so wäre, würde unser Interpretationsversuch dadurch fast ad absurdum geführt werden. Aber das Problem ist in Wirklichkeit komplizierter.

Die ekstatische Mystik des Innenweges – sei es die des indischen Yoga oder des Buddhismus, sei es die katholische Mystik der Theresa oder die Gebets- und Meditationsmystik der Kabbala – ist nicht in dem von uns charakterisierten Sinne uroborisch, sondern gehört, obgleich sie sich selber oft anders interpretiert, psychologisch zur Hochphase der Heldenmystik.

Es handelt sich bei den Meditationswegen der akosmischen Mystik, die zum Nichtspunkt führt – mag er nun als Gottheit, Leere oder Nirvana bezeichnet werden – keineswegs um einen regressiven Prozess der Ich-Auflösung. Die Selbstbeschreibungen der Mystiker lassen dies öfter vermuten, als es in Wirklichkeit der Fall ist, weil die Erfahrung des Verlassens der alten Ich-Position eine derartige Interpretation nahe legt. Es ließe sich aber unschwer nachweisen, dass die Stufenwege der Hochmystik im Gegensatz zur Niedermystik immer durch eine Verstärkung der Ichfestigkeit vorbereitet werden, nicht aber durch eine rauschhafte Auflockerung und Verwischung des Bewusstseins. Das Wesen der akosmischen Ekstase ist nicht eine lustvoll betonte uroborische Ichauflösung, sondern eine höchste Anstrengung des Ich, das von Stufe zu Stufe den Drachenkampf des Helden leistet und so die Schranken der alten Persönlichkeitsstruktur überwindet. Charakteristisch dafür ist, dass bei diesen Formen der Hochmystik überall asketische und ethisch rigorose Riten und Haltungen zu den Vorbereitungen und selbstverständlichen Voraussetzungen gehören. Wie in der Einweihungsmystik der Pubertät und in den Mysterien dienen diese Maßnahmen einer Stärkung der Ich-Festigkeit, einer kontinuierlichen Bemühung, dem Prozess des Innenweges mit seiner steigenden Manifestation des Numinosen gewachsen zu sein.

Selbst wenn auf der höchsten Stufe des Weges die Attraktionskraft des archetypischen Selbst als Nichtspunkt das Übergewicht bekommt und die Erfahrung der eigenen Passivität gegenüber der Aktivität des Göttlichen bestimmend wird, ist die Interpretation des Mystikers von der Ent-Ichung ein Irrtum. Dieser Endzustand ist nur erreichbar dank einer stufenweise steigenden höchsten Aktivität des Ich. Die Überwindung des Gravitationsfeldes, welches das Ich im Bewusstsein festhält, ebenso wie die Durchdringung des numinosen archetypischen Feldes, das den Nichts-Kern des Numinosen umgibt und das Ich fern hält, verlangt außerordentliche Leistungen des Ich und des Bewusstseins. Nur mit Hilfe der stärksten Willens-Konzentration und der Zuspitzung der Persönlichkeit auf dieses höchste Ziel hin gelingt dieser mystische Innenweg. Das heißt aber, so paradox es klingen mag, das Ich hat offenbar erst eine erhöhte Energiespannung herzustellen, um seine eigene Suspendierung und Transponierung zu ermöglichen.

Gerade am Yoga ließe sich diese Tatsache, soweit ich das als Laie zu beurteilen vermag, gut illustrieren. Die Selbstbeschreibung der Mystiker, welche angeben, einen überbewussten Zustand erreichen zu wollen, scheint dem von uns charakterisierten Tatbestand zu entsprechen, dass es sich nicht um eine Ich- und Bewusstseins-Auflösung handelt, sondern um die Erreichung eines veränderten Bewusstseins, in dem allerdings nicht mehr das Ich das Zentrum darstellt, sondern das Selbst, um welches das Ich kreist. Diese Konstellation wird durch die Analogie des Individuationsprozesses verständlich. Auch in dieser uns psychologisch bekannten Situation handelt es sich ja um ein erweitertes, nicht etwa um ein aufgelöstes Bewusstsein, und trotzdem hat das Ich seine Autonomie weitgehend an das Selbst als dirigierendes Zentrum abgegeben.

Über die Psychologie des Ich in der letzten Stufe der Hochmystik können wir hier nichts aussagen; wichtig scheint nur, dass vom Prinzip der Heldenmystik aus die Trennung in eine Unendlichkeitsmystik und eine Persönlichkeitsmystik hinfällig wird. Auch die ekstatischen, nicht uroborischen mystischen Endzustände, die als Unendlichkeitsmystik auftreten, münden in eine Persönlichkeitsmystik und Persönlichkeitsveränderung, darüber hinaus aber in eine gesteigerte schöpferische Aktivität in der Welt.

Fraglos liegt das Schöpferische der Hochmystiker so sehr auf der Innenseite, dass man zweifeln könnte, ob es erlaubt sei, bei ihnen von einer schöpferischen Aktivität in der Welt zu reden. Aber man darf sich nicht dadurch täuschen lassen, dass christliche, buddhistische und andere Redogmatisierungen diesen mystischen Erfahrungen einen weltfeindlichen Anstrich gegeben und zu weltablehnenden Formulierungen geführt haben, die dem Wesen dieser Hochmystik gar nicht entsprechen. Nicht nur der Helden-Charakter ihrer Anstrengung verrät, dass diese Mystiker nicht uroborisch-nihilistisch sind, sondern auch die von ihnen beabsichtigte Wirkung. Ein chassidischer Satz fasst in volkstümlicher Einfachheit dieses Problem, wenn von einem berühmten Rabbi gesagt wird, er sei ein »Zaddik (ein vollkommen Gerechter) im Pelz«.[20] Das wird erklärt: »Einer kauft sich im Winter einen Pelz, ein anderer Brennholz. Und was ist der Unterschied zwischen ihnen? Jener will nur sich, dieser auch anderen Wärme spenden.«

So wie es auf einem fundamentalen Missverständnis beruht, Individuation mit »Zaddiktum im Pelz« zu verwechseln, so verkennt man auch die eigentliche Intention der Hochmystiker, wenn man sie ihrem Wesen nach für weltfeindlich hält. In Wirklichkeit ist auch bei dem Hochmystiker der Veränderungsaspekt, das heißt aber der schöpferische Aspekt, stets lebendig. Das Selbstopfer des Mystikers, das als Gesetz überall in der Hochmystik wirkt, besteht gerade darin, dass er lehrt, schreibt und Schulen bildet, das heißt aber, dass die Mystik sich als Erlösungsweg des Menschen versteht. Überall, wo dies der Fall ist, handelt es sich um die Mystik des Helden, der durch seine Wiedergeburt der Welt schöpferisch ein neues Gesicht geben will. Und wenn z. B. in der jüdischen Mystik die »Wiederherstellung« der gefallenen Welt, ihre Rückerhebung in den ursprünglichen Heilzustand, beabsichtigt wird, dann ist wichtiger als der negative Aspekt, der die Welt für gefallen hält, die Intention der mystischen Anstrengung, die Welt im mystischen Kampf wieder herzustellen und zu erneuern.

Da wir in dieser Skizze nicht alles das ausführen können, was durch die archetypische Situation des Heldenkampfes dem Ich in der mystischen Begeg-

---

20 M. Buber: Die chassidischen Bücher, 1927, S. 600.

nung mit dem Numinosen zustößt, können wir auch das besonders wichtige Phänomen des zum Drachenkampf gehörenden Hieros Gamos hier nicht verfolgen. Die Liebesmystik in all ihren Formen hat hier ihren psychologischen Ort. In der Wiedergeburt des Helden wird in einer mystischen Begegnung des Ich mit dem schöpferisch Numinosen das neue Wesen des Helden in einer »höheren Begattung« gezeugt. Die Formen der mystischen Hieros-Gamos-Beziehung in dieser Phase sind mannigfach, wir können jedoch weder auf die Formen der männlichen Brautmystik eingehen, in der eine völlige Identifizierung des Ich mit der Anima, der Seele, dem Numinosen gegenüber eintritt, noch auf die entsprechenden Phänomene bei den Mystikerinnen. Alle Formen der archetypischen Geschlechtssymbolik treten hier auf. Das Männliche kann weiblich einem Numinos-Männlichen und männlich einem Numinos-Weiblichen gegenüber sein, und Entsprechendes gilt für das Weibliche. Die Gestaltenfülle der mystischen Begegnung mit dem Numinosen erreicht gerade in der Liebesmystik einen Höhepunkt. Zur Begegnung von Ich und Numen, die wir als wesentliches Merkmal des Mystischen angesehen haben, gehört seiner Natur nach die erotische Symbolik der Vereinigung der Gegensätze, die der Liebesmystik des Hieros Gamos ihr Gepräge gibt. Abgelöst wird dieser Gegensatzcharakter zwischen Ich und Numinosem erst in der Endphase, in welcher die Wandlung der Gesamtpersönlichkeit und auch des Ich den Vorrang gewinnt, und das Phänomen der Vereinigung der Gegensätze, welches die Phase der Hochmystik des Drachenkampfes bestimmt, zurücktritt.

Für die Mystiker der Hochphase ist die schöpferische Erneuerung, das heißt aber die lebenszeugende Wirkung der mystischen Erfahrung, das Wichtige. Deswegen gilt ihr auch der mystische Liebestod als Regression und als Versagen, wenn nicht die Persönlichkeit ihre letzte Kraft den Auflösungstendenzen des Numinosen gegenüber eingesetzt hat. Dabei ist es nicht wichtig, ob diese Tendenz als teuflische Versuchung, dämonische Verführung zur Macht oder wie auch immer auftritt. Wenn die Lebensparadoxie darauf beruht, dass das Gleiche vom Ich aus gesehen ganz anders erscheint als von der Perspektive des Selbst aus, so besteht die Ebenbildlichkeit des Ich dem Selbst gegenüber immer wieder darin, dass das Ich seinen Stand als den des einmaligen Individuums, um dessentwillen die Welt erschaffen wurde, zu wahren und nicht den hybriden Sprung zu versuchen hat, »das Selbst« zu sein. Auch wo, wie in Indien, diese Terminologie dogmatisch herrscht, lässt sich die Wirkungsweise der Einmaligkeit des Ich nicht verleugnen, gäbe es doch sonst keinen Unterschied mehr zwischen dem Heiligen und den Jüngern, die ihn als heilig verehren.

Weder durch die künstliche Herauslösung aus der Welt, wie es die uroborische Mystik, die Schöpfung rückgängig machend, versucht, noch durch einen tödlichen Liebes-Einsturz in die Gottheit, durch den die Ich-Selbst-Spannung aufgehoben wird, ist die Paradoxie zu lösen, die Leben heißt. Die Aufgabe, mit dieser Paradoxie fertig zu werden, scheint eher im Sinne der innerweltlichen Wandlungsmystik zu liegen, die ihrem Wesen nach Individuation ist. Denn die Hochmystik beginnt zwar mit der Drachenkampf-Mystik, aber sie reicht weit über sie hinaus und tief in das Gebiet der Endmystik hinein.

Wir finden immer, dass sich im Entwicklungsprozess der Menschheit das Geschehen, das später für alle Menschen gültig wird, zunächst am »Großen Einzelnen« abspielt. So sind die Hochmystiker als »Große Einzelne« anscheinend die Vorläufer dessen, was in der Moderne als Individuationsprozess für viele, wenn nicht für alle Menschen der zweiten Lebenshälfte vorbildlich geworden ist. Und wie immer, wenn sich der vorbildliche Prozess des Großen Einzelnen generalisiert, finden wir auch hier, dass der Sakral-Akzent, der den Mystiker aus der Menschheit als Heiligen herausgehoben hatte, in der Endmystik des Individuationsprozesses nicht nur säkularisiert, sondern auch humanisiert wird. (Dass es sich bei der Mystik der Hochphase um eine Vorwegnahme der Individuationsmystik handelt, wird schon dadurch nahe gelegt, dass die für die Hochmystik nötige Einweihung – z. B. in Indien und im Judentum – nur Menschen der zweiten Lebenshälfte vorbehalten ist.)

Mit der Endmystik nähern wir uns dem aus den Forschungen C. G. Jungs bekannten Prozess der Persönlichkeits-Integration. Die Lebensendmystik steht im Zeichen des West-Punktes; ihr archetypischer Herr ist Osiris, sie ist die Todes- und Nach-Todesmystik des ägyptischen und des tibetanischen Totenbuches.

Im Gegensatz zu einer uroborischen Mystik, die sagt »Mach mich von meiner Selbstheit bloß«, könnte die Wandlungsmystik beten »Füll mich mit meiner Selbstheit an«, und das schöne Gebet Tersteegens: »Ach ich bin noch so verwirrt, Sammle mich, du guter Hirt«,[21] ist schon für die Heldenmystik nicht mehr zu beten möglich, geschweige denn für die Mystik der Individuation. Hier verlangt das Ich, selber den Weg aus der Verirrung zu finden, selber Hirte der eigenen Schafe zu sein und sich selber zu sammeln. Jung hat gerade diese

---

21 Heiler: Das Gebet, 1919, S. 293.

Position als das häretische Geheimnis der Alchemie nachgewiesen. Aber weder dies noch die als bekannt vorausgesetzte Wandlung der Persönlichkeit im Individuationsprozess soll uns hier beschäftigen. Wir möchten vielmehr einen anderen Aspekt betonen, der zum Wesen der Endmystik gehört.

Man kann den Individuationsprozess auch als eine Entwicklung beschreiben, in der die Wirklichkeit des Selbst transparent wird. Die opake Abgeschlossenheit des Bewusstseinsraumes, in dem das Ich nur sich und die Inhalte seiner Ich-Welt sieht, hellt sich auf, und der Sternenhimmel der Archetypen, das kollektive Unbewusste, steigt über den Horizont der Erfahrung. Dann aber, mit fortschreitender Integration der numinosen Inhalte, wird das Selbst selber transparent in seiner gestaltlosen Gestalt.

Dieser Prozess wird von einem anderen begleitet, den man als ein Transparentwerden der Welt bezeichnen könnte. In dem Maße, in dem der Mensch sich durchsichtig wird als Nicht-Nur-Vordergrund, Nicht-Nur-Ich, wird ihm auch die Welt durchsichtig als nicht nur Vordergrund und nicht nur Nicht-Ich. Hier gilt nicht mehr die Welt-Außenschau des Extravertierten und nicht mehr die Welt-Innenschau des Introvertierten, sondern ein Drittes. Was auf der Primitiv-Stufe als unbewusste Verbundenheit von Ich und Nicht-Ich in der Vermischung wirklich war, kehrt jetzt auf höherer Stufe wieder als bewusste mystische Erfahrung, als die Möglichkeit des symbolischen Lebens. Das, was im Chassidismus die Erlösung der göttlichen Funken an jedem Ort und zu jeder Zeit bedeutet, nämlich die Aktualisierung des Messianismus, gehört zur allgemeinen Erfahrung dieser Stufe.

Ursprünglich ist der Messianismus an einen Geschichtsablauf gebunden, an dessen Ende, als wesentliches Ereignis der Heilsgeschichte, die Erlöserfigur auftaucht, um nach der Wandlungskrise der Apokalypse die eschatologische End- und Erlösungszeit herzustellen. Diese Konzeption lässt sich unschwer als Projektion eines Individuationsgeschehens durchschauen, dessen Subjekt aber das Volk, das auserwählte Kollektiv ist, und nicht der Einzelne.

In der Kollektivprojektion tritt die Geschichte als Kollektiv-Repräsentant des Schicksals auf, die Krise erscheint in der Projektion der Kriege und Endzeitkämpfe, die Wandlung als Jüngstes Gericht, Tod und Auferstehung. Ebenso entspricht die Wandlung und die Gewinnung des Selbst der Verklärung im himmlischen Paradies, das in Gestalt des Mandala die Menschheit aufnimmt, oder sie projiziert sich als Leben in einer wiederhergestellten und erneuerten Welt, die vom König – Adam – Anthropos – Selbst zentral regiert wird.

In der Kabbala spielt, wie aus der Darstellung G. Scholems[22] bekannt ist, die Bemühung um den Tikun, die mystische Wiederherstellung der gestörten Welt, eine zentrale Rolle. Der Mystiker steht hier im Auftrag, durch sein Tun die Endzeit, die messianische Zeit, näher zu bringen. Seine Aufgabe ist, die Gottheit und die mit ihr verbundene Welt wieder »ganz und vollständig« zu machen. Sein Werk ist, die von der Gottheit abgetrennten Teile, die in der Verbannung irrende weibliche Gott-Immanenz, die Schechinah, mit der Gott-Transzendenz wieder zu vereinigen. Die Möglichkeit des Menschen, mit seinem mystischen Tun dies große Werk zu vollbringen, das ein Bilden an Welt, Mensch und Gottheit zugleich darstellt, konstituiert die Priester-Würde des Menschen – und in der jüdischen Mystik natürlich die des Juden.

Diese Verlegung der messianischen Aktivität in das Tun des Einzelnen zu *jeder* Zeit ist das, was wir unter Aktualisierung des Messianismus verstehen.

Die Vorläufigkeit eines Lebens außerhalb der Geschichte im Warten auf die zukünftige Endzeit, eine Grundgefahr des intuitiven jüdischen Menschen, welche zur äußeren Wurzellosigkeit die innere hinzugefügt hat, wird durch diese Aktualisierung überwunden.

In der mystischen Volksbewegung des Chassidismus kam dieser Prozess zu seinem Höhepunkt. Erlösung der heiligen Funken in jedem Jetzt, in jedem Hier, ist die unablösbare Aufgabe. Sie stellt sich über die allgemeine Erlösungsbedürftigkeit der Welt hinaus *jedem* Einzelnen, da zu seiner individuellen Seele bestimmte zu erlösende Funken gehören.

»Der Gerer Rabbi redete vor dem Versöhnungstag zu den um seinen Tisch versammelten Chassidim: „Unser Lehrer Hillel spricht: ‚Wenn ich nicht für mich bin, wer ist für mich; wenn ich nicht meinen Dienst tue, wer soll ihn für mich tun? Jeder muss seinen Dienst selber vollbringen.‘ Und weiter spricht er: ‚Und wenn nicht jetzt, wann dann!‘ Wann wird das Jetzt sein? Das jetzige Jetzt, der Augen blick, in dem wir reden, war doch von der Erschaffung der Welt an nicht, und er wird nie wieder sein. Früher war ein anderes Jetzt, später wird ein anderes Jetzt sein, und jedes Jetzt hat seinen heiligen Dienst: Wie es im heiligen Buch Sohar heißt: ‚Die Gewänder des Morgens sind nicht die Gewänder des Abends…‘ Man kann dieses Jetzt von keinem andern Jetzt gutmachen lassen, denn jeder Augen blick ist in einem besonderen Lichte eingeschränkt«.[23]

---

22 G. Scholem, Major Trends, op. cit.
23 M. Buber, Die chassidischen Bücher, S. 637.

Dieser Auftrag an den Einzelnen ist, wenn wir uns über seine tiefste Bedeutung klar werden, eine Aktualisierung der Endzeit. Wie es Franz Kafka formuliert hat: »Das Jüngste Gericht ist ein Standgericht.« Damit aber ist der Träger des Geschehens nicht mehr nur das Kollektiv, sondern der Einzelne. Geschichte wird zum Schicksal, der Kampf und die Entscheidung spielen immer, aber sie sind wie die Erlösung und die Apokatastasis Ereignisse des individuellen Daseins im Seelen-Weltraum des Menschen.

Wenn in jedem Ding und in jeder Situation ein numinoser Hintergrund aufleuchten kann, der zur mystischen Begegnung von Ich und Nicht-Ich und zur Erleuchtung führt, wird alles in der Welt zum Symbol und wird Teil des Numinosen, und die vom uroborischen Mystiker angeprangerte Welt erweist sich in einem unheimlichen Sinn als »gott-trächtig« und göttlich. Es wäre grundfalsch, dies als einen religiösen Pantheismus oder Panentheismus missverstehen zu wollen, denn diese Form der Reifemystik ist auf einen dauernden schöpferischen Prozess in der Persönlichkeit angewiesen. In dem Maße, in dem es im Menschen Licht ist, steigen auch die Lichter außen auf, nach dem Maße der eigenen Verdunkelung und Dicht-Werdung wird auch die Welt dunkel und kompakt, wird tote Dingwelt. Nicht der Sturz in das weiße Urlicht und die Auslöschung ist die Aufgabe des Lebenden, sondern das Transparent-Machen der Weltvordergründe, damit das Urlicht des Pleroma als Welthintergrund und Kern sichtbar und so in seiner Strahlung und Wirkungsfähigkeit verstärkt wird. Dies mag in der Erfahrung eines Symbols geschehen, in der Bewusstmachung eines Inhaltes, in der Gestaltung eines Urbildes, in einer Liebesbeziehung zu einem Menschen; in jedem Fall handelt es sich um die Begegnung des Selbst mit dem Selbst.

Für dieses symbolische Leben gilt gerade die Schicksalsfülle des Seins in der Zeit, nicht des Seins außerhalb der Zeit. Denn in jeder Einmaligkeit, in jeder Situation und in jedem Menschen tritt immer die Ganzheit des schöpferischen Hintergrundes dem Ich gegenüber. Das formuliert der unheimliche chassidische Satz: Wenn jemand einen anderen belehren will, dann bedenke er, »dass auch die Seele seines Mitmenschen an den Schöpfer gebunden und ihm hingegeben ist, und dass er vor Gott steht und lehrt« .[24]

Auf dieser Stufe kommen zwei Haltungen zu einer Synthese, die sich zunächst auszuschließen scheinen, die eine, welche die konkrete Situation der aktuell gegebenen Welt bewusst und zutiefst ernst nimmt, und die andere, für

---

24 Birnbaum, Leben und Worte des Baalschem, 1920, S. 18.

welche der numinose Hintergrund das eigentliche Gegenüber ist. Wie ihr Zusammentreffen das »symbolische Leben« ausmacht, mag an der chassidischen Geschichte deutlich werden, in der ein Jünger erzählt:

> »Einst stand ich bei einem Gespräch, das mein Lehrer mit einer Witwe führte. Er redete mit ihr von ihrem Witwentum mit den guten Worten eines Trösters, und so, als den Trost für ihre Seele, nahm sie die Rede auf und stärkte sich daran. Ich aber sah ihn weinen und musste selber weinen: da gewahrte ich, dass er zur Herrlichkeit Gottes, der Verlassenen, sprach«.[25]

In diesem Sinne ist wohl die überall in der Mystik, so weit sie Wandlungsmystik ist, gleichartig beschriebene letzte erreichbare Stufe zu verstehen, die in der jüdischen Mystik als »Anheftung« bezeichnet wird. Für den Mystiker dieser Phase ist ein Leben in dieser Welt möglich, er braucht keinen Himmel, kein Jenseits und kein messianisches Reich, denn alles dies ist in der Wirklichkeit der Welt vorhanden, wenn auch verborgen und verhüllt.

Wenn die Mystik der Lebensphasen auf den bevorzugten Stellen der Begegnung des Numinosen mit dem Ich beruht, welche von Natur her angelegt sind, und wenn der schöpferische Mensch auch jenseits von ihnen, aber nur hier und dort, von der Spontaneität derartiger Begegnungen ergriffen wird, so lebt der Mystiker der Reifemystik des Endes in einer permanenten Transparenz. So wie in ihm das Selbst zu dauernder Transparenz gekommen ist, ist ihm auch die Welt außen und innen dauernd transparent. Von dieser Erfahrung aus können wir den letzten und zentralen Inhalt der Endmystik verstehen, den der Erfassung des Einheitsaspektes.

Die radikale Innenmystik des Introversionsweges führt über die Erfahrung einer Hierarchie von Himmeln und Höllen zu ihrer Einschmelzung, und bei immer stärkerer Entfernung vom Bewusstsein zum ekstatischen Ich-Verlust. Die kosmogonische Außenmystik des Extraversionsweges führt zur Hingabe an eine Außenwelt, die alles Lebende umfasst, und mündet in einer pantheistischen oder panentheistischen Ergriffenheit, von der das Ich überwältigt wird. Die anthropozentrische Form mystischer Erfahrung aber, welche das Wesen aller Wandlungsmystik ausmacht, erfährt Innen und Außen als Schalen, bei deren Transparentwerden die Vielheit des Numinosen einer Einheitserfahrung weicht, in der das Selbst zugleich als schöpferisches Zentrum der Menschwerdung und der Weltwerdung offenbar wird.

---

25 M. Buber, Die chassidischen Bücher, op. cit. , S. 505.

Überall, wo die mystische Erfahrung wirklich wird, durchschlägt der numinose Hintergrund die Festgefügtheit eines gegebenen Kosmos. Diese Überschreitung der Grenze ist aber – außer bei den Reifeformen der Mystik – ein Hingerissensein und ein Herausgerissenwerden aus der Menschheit und aus dem Welthaften ins Unmenschliche und ins Außerweltliche. Wo dies geschieht, fällt dann das entzückte Ich zurück in eine von Unsicherheit und Angst geprägte feindliche Welt. Für die innerweltliche Wandlungsmystik der Reife aber geht es um den Versuch, die existenzielle Unsicherheit und Angst *grundsätzlich* zu überwinden. Erst wenn die Welt nicht mehr von feindlich überwältigenden Gestalten erfüllt ist, sondern wenn alle Gestalt lichtdurchlässig geworden und darüber hinaus die Einheitsschau geglückt ist, erst dann ist die Aufgabe vollendet.

Die Einheitsschau ist aber gebunden an das Einheit-Sein. Auch hier entspricht die Erscheinung des Numinosen der Entwicklung der Persönlichkeit. Erst um den integrierten Menschen, der mit dem Zentrum verbunden ist, das seine schöpferische Mitte ist, und das er als schöpferische Mitte der Welt erfährt, schließt sich der Kreis und ist Ruhe. Das heißt, für diesen Erleuchteten ist die Welt transparent und *eins*. Aber auch dieses Integriertsein steht in der Paradoxie, wie alles, was auf dieser Stufe geschieht. Der Mensch dieser Stufe ist in der Welt und außer ihr, in Ruhe und in schöpferischer Bewegung, angeheftet an das Numinose und »bei sich«. In ihm lebt das schöpferische Wort und das Schweigen. Er lebt in Vielheit und Einheit.

So scheint es, dass der mystische Mensch, in unserem weiten Sinne verstanden, der Einzige ist, der sich nicht mit Teilaspekten der Außen- oder Innenwelt zufrieden gibt. Er ist der Einzige, dessen schöpferische Unruhe nicht zu stillen ist durch ein Narkotikum, das ihm Ruhe in einem bruchstückhaften Gehäuse und in einem Provisorium gewährt, in dem das Ich sich bergen könnte. Der mystische Mensch macht mit der existenziellen Tatsache ernst, dass der Mensch kein Gehäuse hat, sondern ein Atom im Unendlichen ist. Aber er erfährt trotz alledem, dass er nicht verloren und allein ist. Zwar ist für ihn der Kern der menschlichen Existenz unfassbar, aber dieses Numinose im Menschen ist zugleich das Menschliche im Numinosen. Im Dialog mit dem Selbst und in der Führung durch das Selbst, die vom Ich als sinngebend erfahren wird, konstelliert sich die Ebenbildlichkeit von Ich und Selbst neu. Sie führt zu einer paradoxen Form der Vertrautheit, die sich häufig in den Symbolen der Freundschaft und Verwandtschaft von Ich und Selbst ausdrückt, und durch welche der isolierte Stand des Menschen im Weltall von innen her kompensiert wird.

Aber auch diese Ebenbildlichkeit verwirklicht sich vorzugsweise im Schöpferischen.

So wie ein schöpferisch numinos Außermenschliches die Welt mit lebendiger Gestalt in einer unendlichen Hierarchie von Erscheinungen erfüllt, erfüllt ein schöpferisch Numinoses im Menschen die Welt von innen her mit lebendiger Gestalt in einer ebenfalls unendlichen Hierarchie von Erscheinungen. Schon die mythologische Welt des Frühmenschen ist überflutet von Gestalten, und mit der wachsenden Entwicklung des Bewusstseins kommt es zu einer Veränderung, in der die Gestalten sich hierarchisch ordnen. Während in der Dichte der archetypischen Figur noch alles in einem Miteinander verschmolzen ist, bricht das Prisma des Bewusstseins die Farben auseinander und lässt Systeme von geistigen Ordnungen und Gesetzen hinter der Gestaltfülle als Geist-Wirklichkeit sichtbar werden. Aber jenseits der Gestalt und in der Gestalt bleibt immer das Numinose als Zentrum, als Punkt des schöpferischen Nichts wirksam, nicht nur in der vom außermenschlichen Numen gestalteten Welt, im Baum, im Tier und im Stern, sondern auch in der Welt menschlicher Numinosität, im Gedicht, im Gebilde und im Gedanken. Die Ebenbildlichkeit des Menschen zum schöpferischen Numen der Weltschöpfung ist die zwillingshafte Grundgegebenheit des mystischen Menschen.

Die Phänomene der mystischen Anthropologie sind Prozesse zwischen dem Selbst und dem Ich, und der Raum des Anthropos, in dem das Kerngeschehen sich abspielt, ist menschlich, aber er ist gleichzeitig auch außerweltlich. Darum liegt hier die Gefahr eines mythologisierenden und gnostizierenden Missverständnisses so nahe. Das, was als Ebenbildlichkeit ebenso wie als Gestaltlosigkeit der Gottheit auftritt, ist die Grenzerfahrung des Ich vom Selbst, das als außermenschlich, übermenschlich und göttlich charakterisiert werden kann, von dem aber auch gesagt werden muss, es sei gerade das, was das Menschliche als solches konstituiere.

Die Erfahrung des Selbst und seiner im Verlauf der Menschheitsgeschichte sich wandelnden Phänomenologie, die in der Endmystik gipfelt, spiegelt nicht nur die stufenweise Entwicklung des menschlichen Bewusstseins, sondern darüber hinaus die des menschlichen Wesens in seiner Zentralität.

Die Selbst-Offenbarung der Menschheit ist die des sich in der Menschheit wandelnden Selbst. Dass wir mit dieser Feststellung über die Endmystik den

Rahmen der Psychologie überschreiten, ist zugleich richtig und falsch; die Ursache dieser Unsicherheit liegt darin, dass das Selbst zwar Mitte und Zentralinhalt des anthropologischen Raumes ist, den psychischen Raum aber faktisch überschreitet.

Wir können hier nicht den Nachweis liefern, inwiefern das Selbst vorpsychisch und außerpsychisch auftritt, es genügt darauf hinzuweisen, dass diese Tatsache in der Todes- und Nach-Todesmystik, die man Unsterblichkeitsmystik nennen könnte, von entscheidender Bedeutung wird. Der Unterschied zwischen der uroborischen und der Wandlungsmystik reicht bis in die Nach-Todesmystik. Hier kommt die uroborisch-ekstatische Mystik auf natürlichem Wege zu ihrer Selbsterfüllung als Ich-Auflösung. Das Ich sinkt als Tropfen ins Meer zurück. »Bei Betrunknen, Freunde, wisst, könnt ihr deutlich lesen, da mit Gott Verbindung ist, wo *kein* eignes Wesen«.[26] Im Gegensatz dazu ist das Ziel der Wandlungsmystik, das Leben in einer fortlaufenden mystischen Bezogenheit zu führen, damit, wenn im Wandel der Persönlichkeit und der Welt das Nichtige ganz sich verflüchtigt hat, »Glänze der Dauerstern, ewiger Liebe Kern«.[27]

Wie der Individuationsprozess psychologisch nicht einen Abstieg bedeutet, sondern im gewissen Sinn einen Aufstieg, so ist auch die End-Mystik die wohl umfassendste Form der Hochmystik. In der Anheftung der dauernden Transparenz ist das Stadium der diskontinuierlichen Begegnungen mit dem Selbst überwunden.

Die mystische Transparenz der Welt gleicht einer umfassenden Lichtausstreuung des Selbst, und das Ich begegnet nun dem Numinosen überall und jederzeit. Aber es begegnet ihm nicht mehr in der Anonymität der Frühzeit, in der ebenfalls das Numinose »ausgestreut« war. Während damals das Menschliche seines Selbst unbewusst und das Numinose anonym im Objekt verschlossen war, begegnen sich jetzt Mensch und Gottheit im Offenen. Der Einheitsaspekt, von dem aus die Welt sich um die geeinte Persönlichkeit rundet, äußert sich nun auch darin, dass das Numinose über die unbestimmte Fülle des Gestaltlosen und die unbestimmbare Fülle numinoser Gestalten hinausgeht und den Charakter der persönlichen Begegnung als Selbst-Begegnung annimmt oder zumindest annehmen kann. Das Numinose spricht jetzt als Anthropos-Selbst zur Persönlichkeit, nicht mehr als numinoses Einzelphänomen zum Zufalls-Ich.

---

26 Van der Leeuw: Phänomenologie, op. cit. , S. 466.
27 J. W. v. Goethe, Faust II.

Der ägyptische König lebt als Horus, als Sohn des Osiris, in dieser Welt, sein Werk ist die Erhöhung des Osiris, die Osirifizierung; wenn er stirbt, stirbt er als Horus und wird zum Osiris. Jetzt, in der Unsterblichkeitsmystik, gibt sich der Sohn als Selbst, als Kern, als Gold und als Produkt des opus maximum seines Lebens der Gottheit zurück.

So wird in der Mystik des Lebenskreises der Mensch in immer neuen mystischen Begegnungen gewandelt. Am Beginn scheint es, als ob *er* wandelt, am Ende, als ob er gewandelt *wird*. Wie dem aber auch sei, so wie der Horus-König zum Osiris wird, transponiert sich am Ende die Persönlichkeit vom Ich hinüber zum Selbst, und beide sind »Zwillinge«.

So ist die menschliche Persönlichkeit von ihrer Frühzeit an in dauernder mystischer Bewegung. Nach innen zum Selbst und nach außen zur Welt hin in immer neuen Begegnungen ausgreifend und sich verändernd, durchschreitet der Mensch von Kindheit an alle Stadien der Wandlungsmystik. Und wie der Beginn der Ursprungsmystik bis vor das Auftauchen des Ich zurückreicht in ein Unbekanntes, reicht das Ende als Unsterblichkeitsmystik über das Erlöschen des Ich in ein Unbekanntes hinaus. Das Unerklärbare, dass die Mitte des Menschen als ein unbekannt Schöpferisches in ihm lebt und in immer neuen Gestalten und Wandlungen ihn formt, dies Geheimnis, das ihn sein Leben hindurch begleitet, begleitet ihn auch in den Tod und über ihn hinaus. So schließt sich der Kreis, und der Mensch endet, wie er begonnen hat, als ein homo mysticus.

Quellenverzeichnis

Eranos-Vorträge:

Alle drei Beiträge sind etwas veränderte Neudrucke von in den Eranos-Jahrbüchern erschienenen Arbeiten.

1. Zur psychologischen Bedeutung des Ritus. Gehalten als Eranos-Vortrag 1950, erschienen im Eranos-Jahrbuch XIX, Rhein-Verlag, 1951.
2. Die mythische Welt und der Einzelne. Gehalten als Eranos-Vortrag 1949, erschienen im Eranos-Jahrbuch 1949, Rhein-Verlag, 1950.
3. Der mythische Mensch. Gehalten als Eranos-Vortrag 1948, erschienen im Eranos-Jahrbuch 1948, Rhein-Verlag, 1949.

Abbildung:

Flöte spielender Krishna unter Kobra-Baldachin (S. 97): Granit, 79,5 x 26 x 20cm. Madurai, Tamil Nadu, Indien. Inventarnummer IIa 549 © Museum der Kulturen Basel.